일생에 한번은 **명심보감을** 써라

일생에 한번은 명심보감을 써라

내 마음과 삶이 변화하는 고전 쓰기의 힘

1판 1쇄 인쇄 2015년 8월 5일
1판 1쇄 발행 2015년 8월 12일

지은이 김미화
펴낸이 고영수

경영기획 고병욱 **책임편집** 문여울 **편집** 문여울·허태영
디자인 공희·진미나 **마케팅** 이원모·이일권·김재욱·이미미 **제작** 김기창
외서기획 우정민 **총무** 문준기 노재경 송민진 **관리** 주동은 조재언 신현민
일러스트 서인선

펴낸곳 추수밭
출판등록 제2005-000325호
주소 135-816 서울시 강남구 도산대로 38길 11(논현동 63) 청림출판 추수밭
 413-120 경기도 파주시 회동길 173(문발동 518-6) 청림아트스페이스
전화 02)546-4341
팩스 02)546-8053

www.chungrim.com
cr2@chungrim.com

ISBN 979-11-5540-037-1 (03100)

추수밭은 청림출판의 인문·교양 도서 전문 브랜드입니다.
잘못된 책은 구입하신 곳에서 교환해 드립니다.

일생에
한번은
명심보감을
써라

김미화 지음

내 마음과 삶이 변화하는
고전 쓰기의 힘

추수밭

마음을 치료하는 명심보감

위로가 필요할 때
마음 치료제 明心寶鑑!

지금으로부터 일 년 전, 출판사로부터 《명심보감》에 대한 원고를 의뢰받았을 때, 사실 가벼운 마음으로 작업을 시작했습니다. 《명심보감》은 중국 고전(古典) 가운데 비교적 쉽고 교훈적인 문장을 뽑아 만든 책이기 때문입니다. 그런데 원고를 쓰다 보니 전에 알고 있던 《명심보감》이 아니더군요. 문장을 읽다가 저도 모르게 '아……' 하고 고개를 끄덕이며 펜을 멈추곤 했습니다.

《명심보감》은 어린이들을 위하여 고전에서 귀감(龜鑑)이 될 만한 문구들을 발췌해 편집한 책입니다. 원저자에 대해서는 고려 충렬왕 때 예문관제학을 지낸 추적(秋適)이라는 설이 있었으나, 중국 명(明)나라의 학자인 범입본(范立本)이라는 사실이 밝혀졌습니다. 《명심보감》은 우리나라에 들어오면서 본래 내용이 절반으로 축소되었고 대략 20장의 형태로 읽혔는데, 훗날 일부 내용이 증보되었습니다.

이처럼 무수한 변화를 겪은 《명심보감》은 중국 고전의 주옥같은 문장과 인간의 도리, 반드시 지켜야 할 원칙, 인격 수양을 위한 내용이 많아서 《천자문》을 읽은 뒤 《동몽선습》과 함께 기초 교재로 쓰였으며, 지금까지 그 가치를 인정받고 있습니다.

물론 《명심보감》은 쉬운 한문을 중심으로 만든 수양서이자 교훈서입니다. 그래서 지금도 어린이를 위한 《명심보감》이 꽤 많지요. 그런데 쉽고 평범한 문장인 줄 알았던 《명심보감》을 다시 읽어보니 문장 하나하나에 옛사람들의 삶이 진하게 녹아 있었습니다. 어느 정도 삶의 무게를 견뎌낸 사람이어야 그 진한 삶을 제대로 이해할 수 있을 것 같았습니다. 그러니 맑은 눈을 가진 어린아이가 진한 삶을 이해하기란 무리일지 모릅니다. 그래서 어릴 때는 수박 겉핥기식으로 이 책을 읽을 수밖에 없었고, 그러니 별 감흥이 없었을 테지요.

요즘 사람들은 삶이 그리 녹록지 않다고들 말합니다. 너무 힘들다고 하소연하면서, 남들은 봄이라는데 나 혼자 겨울 같다며 '춘래불사춘(春來不似春)'을 중얼거리고 푸념합니다. 팍팍한 일상에서 피로의 찌꺼기를 털어버리고 싶어 여기저기 기웃거리지요.

여행, 게임, 동호회 등 다양한 방법이 있지만 그중 독서는 적은 비용으로 꽤 만족스럽게 피로의 찌꺼기를 털 수 있습니다. 게다가 요즘은 '인문학 열풍'이라니 좋은 책들을 찾기가 어렵지 않습니다. 옛사람들은 힘들 때 어떻게 극복했을까라는 궁금증이 인문학 열풍으로 폭발되었다고 하지요. 인문학 열풍 속에 등장한 수많은 고전 가운데 《명심보감》이 있습니다.

'명심보감(明心寶鑑)'을 풀이하면 '마음(心)을 밝게 하는(明) 보배(寶)로운 거울(鑑)'이라는 뜻입니다. '마음을 밝게 한다'는 명심(明心)은 시비(是非)와 선악(善惡)을 이성적으로 판단하고 행동하여 무소의 뿔처럼 헤쳐나가는 힘을 기른다는 뜻입니다. 간단히 말하면 자기 스스로의 치유, 즉 '힐링'을 의미하지요. 《명심보감》이 처음부터 끝까지 놓치지 않는 딱한 글자는 바로 '正(바를 정)'입니다. 똑바로 생각하고 똑바로 행동하라는 뜻이지요. 그래야 거센 비바람에도 흔들리지 않기 때문입니다.

잊지 않도록 마음에 깊이 새겨두어야 할 때 "명심(銘心)하라"고 말합니다. 여기서 명심(銘心)은 '마음에 새기다'라는 뜻입니다. 그래서 필자는 명심(銘心)하면 언젠가는 명심(明心)할 수 있는 방법으로 《명심보감》에서 50문장을 선별하여 누구든 직접 쓸 수 있는 공간을 만들었습니다. 이 책과 함께 천천히 마음을 내려놓으며 숨을 고르는 시간을 가져보기 바랍니다. 눈으로 읽으면서 손으로 써내려가는 시간만큼은 오롯이 나의 시간이요, "휴(休)" 하고 긴 숨을 쉴 수 있는 치유의 시간이 될 것입니다.

흔히 고전이라 하면 어렵고 고리타분하다고 생각합니다. 과거의 모습에서 현재를 살아가는 우리에게 도움이 될 교훈을 찾을 수 있을지 의문을 갖습니다. 그래서 많은 이들이 고전은 단지 옛사람들의 생활에서 만들어진, 우리와 상관없는 한자로 적힌 문장이라고 생각합니다. 그러나 분명 옛사람들도 위로와 희망을 찾고 싶었을 겁니다. 그들도 우리처럼 눈썹 위에서 희로애락(喜怒哀樂)이라는 롤러코스터를 타고 세상살이의 버거운 짐을 감당했을 테니 말이지요.

자, 그렇다면 옛사람들은 어떤 생각으로 세상을 살아가며 힐링을 했을까요? 이제 한 발자국 더 앞으로 나아가서 그들의 정신세계 속으로 들어가봐야겠습니다. 옛사람들이 생사(生死)의 한가운데서 간절하게 바라고 느낀 문장을 한 자 한 자 따라가며 명심(銘心)하면, 어느덧 우리도 명심(明心)하게 될 날을 기대하면서 말입니다. 그러니 서두르지 말고 거북이처럼 천천히 가더라도 포기하지 맙시다!

　쉽지 않은 작업 속에 더디게 써내려간 문장을 흔쾌히 받아 멋지게 만들어주신 출판사 관계자분들에게 진심으로 감사드립니다.

2015년 8월

김미화

차례

제14편. 치정(治政) 나라를 다스리는 원칙

제19편. 교우(交友) 좋은 벗을 사귀는 즐거움

제25편. 권학(勸學) 앞으로 살아갈 날들을 위해

子　曰　爲　善　者　天　報　之　以　福　爲　不

善　如　渴　聞　惡　如　聾　又　曰　善　事　須

廣　施　人　生　何　處　不　相　逢　讐　怨　莫

於　我　善　者　我　亦　善　之　於　我　惡　者

於　我　無　惡　哉　●　種　瓜　得　瓜　種　豆

曰　死　生　有　命　富　貴　在　天　●　太　公

子　何　孝　焉　●　性　理　書　云　見　人　之

之　惡　而　尋　其　之　惡　如　此　方　是　有

孝　夫　無　煩　惱　是　妻　賢　言　多　語　失

爲　錢　●　自　信　者　人　亦　信　之　吳　越

疑　之　身　外　皆　敵　國　花　落　花　開　開

必　常　富　貴　貧　家　未　必　長　寂　寞　扶

凡　事　莫　怨　天　天　意　於　人　無　厚　薄

轉　如　車　去　年　妄　取　東　隣　物　今　日

來　田　地　水　推　沙　若　將　狡　譎　爲　生

欲　知　其　君　先　視　其　臣　欲　識　其　人

蘇　東　坡　曰　無　故　而　得　千　金　不　有

大　禍　●　渴　時　一　滴　如　甘　露　醉　後

제1편 계선(繼善)

善 者 天 報 之 以 禍 ● 太 公 曰 見
貪 惡 事 莫 樂 ● 景 行 錄 曰 恩 義
結 路 逢 狹 處 難 回 避 ● 莊 子 曰
我 亦 善 之 我 既 於 人 無 惡 人 能
得 豆 天 網 恢 恢 疎 而 不 漏 ● 子
曰 孝 於 親 子 亦 孝 之 身 既 不 孝
善 而 尋 其 之 善 見 人
益 ● 父 不 憂 心 因 子
者 因 酒 義 斷 親 疎 只
者 兄 弟 自 疑 者 人 亦
又 落 錦 衣 布 衣 更 換 着 豪 家 未
人 未 必 上 青 推 必 塡 邱 壑 勸 君
● 堪 歎 人 心 毒 似 蛇 誰 知 天 眼
還 歸 北 舍 家 無 義 錢 財 湯 潑 雪
計 恰 似 朝 雲 募 落 花 ● 王 良 曰
先 視 其 友 欲 知 其 父 先 視 其 ●
大 福 必 有
添 盃 不 如 無 ● 酒 不 醉 人 人 自

● 일러두기: 본문에 쓰인 한자 서체의 종류에 따라 글자 모양이 다를 수 있습니다.

01

하늘이 복과 화를 내린다

爲善者는 天報之以福하고
위 선 자 천 보 지 이 복

爲不善者는 天報之以禍니라.
위 불 선 자 천 보 지 이 화

착한 일을 하는 사람에게는 하늘이 복으로 갚고
악한 일을 하는 사람에게는 하늘이 재앙으로 갚는다.

| 한자 알기 | ●報 갚을 보 ●爲 할 위 ●以 ~로써 이

공부를 많이 해야 했던 중고등학교 시절 누구나 한번쯤 옷이나 팔에 볼펜 자국이 묻은 경험이 있을 겁니다. 언제 묻었는지, 누가 묻혔는지 알 수도, 알 필요도 없었지요. 그냥 빡빡 문질러 빨면 대충 지워지니 별로 개의치 않았습니다.

그런데 우리 마음은 누가 무엇을 묻히고 갔는지 모르게 어제 다르고 오늘 다를 때가 종종 있습니다. 분명한 건 자기 자신을 잘 지켜야 하는 것입니다. 의도치 않게 누군가 내 마음을 헤집어놓으면 그만 흔들거리는 이빨 꼴이 되고 맙니다.

인간은 태어날 때 착한 마음을 갖고 태어난다는, 맹자(孟子)의 성선설(性善說)을 처음에는 진리처럼 생각했지요. 그런데 나이를 먹을수록 아집(我執)이 생기고 판단력은 자꾸 흐려집니다. '그래, 인간은 원래 이기심과 사악한 마음을 갖고 태어난 거야.' 급기야 순자(荀子)의 성악설(性惡說)을 멋대로 해석해 내 생각과 행동을 합리화합니다. 참으로 산다는 것이 고행길입니다.

그래도 분명한 진리는 변함없습니다. 《명심보감》 맨 첫 번째 문장인 윗편의 글은 《명심보감》의 주제라 할 수 있습니다. 옛 어르신들이 가장 중요하게 생각하는 진리를 공자(孔子)의 말씀에서 뽑아 맨 앞에 내세운 겁니다. 해석은 간단명료합니다. 착한 사람과 나쁜 사람은 결국 하늘이 알아서 상을 주고 벌을 주니 걱정 말고 열심히 살라는 뜻입니다. 하늘은 인간세계의 공과(功過)에 따라 복(福)과 화(禍)를 내린다고 합니다. 누구든 하늘로부터 복을 받고 싶을 겁니다. 복을 받으려면 하늘이 복으로 갚아줄 일만 하면 되겠지요.

그럼 福(복 복)이란 무엇일까요? 제단을 그린 示(보일 시) 뒤에 술 단지를 그린 畐(가득할 복)이 보이네요. 제단 앞에 술을 올리면서 신에게 소원을 비는 모습이 지금의 기도와 별반 다르지 않습니다. 소원은 아마도 이런 내용일 겁

니다. '저에게 복(福)을 주소서.' 그러니 지금부터라도 복을 받고 싶으면 선(善)하게 살려고 노력하면 되겠네요.

禍(재앙 화)는 신의 제단을 뜻하는 示(보일 시)와 안면마비를 뜻하는 咼(입 비뚤어질 와)가 결합하여 신이 인간에게 와사증(喎斜症) 같은 벌을 준다는 뜻입니다. 외모는 요즘 시대에만 중요할까요? 꼭 그렇지는 않을 겁니다. 그래서 안면이 마비되고 입이 돌아가는 와사증을 하늘이 주는 벌로 생각한 것은 아니었을까요? 와사증은 예방에 따라 피할 수 있고 중병이 아니었기에 죽음에 비할 바는 아니지만 사람들에게 혐오감을 주었을 것입니다. 그러니 날마다 착한 일을 해서 복을 받지는 못하더라도 이런 근심은 면하고 싶은 것이 인지상정이지요. 순자는 "근심을 없앨 수 있으면 그것이 바로 복(福)이다"라고 했는데 아무리 생각해봐도 맞는 말입니다.

불현듯 맹자의 말씀이 생각납니다. 앙불괴어천(仰不愧於天) 하늘을 우러러 한 점 부끄럼 없다는 뜻입니다. 군자삼락(君子三樂), 즉 지성인이 누리는 세 가지 즐거움 중 두 번째에 해당되는 말이자 윤동주의 〈서시〉에도 나오는 뜻입니다. 양심 있게 살라는 의미이지요. 다짐하긴 쉬워도 실천은 어려우니 방심은 금물입니다.

爲善者는 天報之以福하고
위 선 자 천 보 지 이 복

爲不善者는 天報之以禍니라.
위 불 선 자 천 보 지 이 화

爲善者　天報之以福

爲不善者　天報之以禍

02

선악에는 경중이 없다

勿以善小而不爲하고
물 이 선 소 이 불 위

勿以惡小而爲之하라.
물 이 악 소 이 위 지

선이 작다고 해서 아니 하지 말며
악이 작다고 해서 하지 말라.

| 한자 알기 | ●勿 말라 물 ●而 말이을 이

공자의 말씀 중에 '인지장사 기언야선(人之將死 其言也善)'이 있습니다. '사람이 장차 죽으려 할 때 한 말은 진실되다'는 뜻입니다. 새가 죽을 때 세상에서 가장 구슬픈 울음소리를 내듯, 사람은 죽을 때 가장 진실된 말을 한다는 것이지요.

위 문장은 《삼국지》의 주인공 유비(劉備)가 임종 전 아들인 유선에게 유언처럼 남긴 것입니다. 촉한(蜀漢)을 세운 유비는 뒷일을 제갈공명 (諸葛孔明)에게 부탁할 정도로 아들이 미덥지 못해 걱정과 불안 속에 편안히 눈을 감지 못했다고 합니다. 그런 유비가 아들에게 임종 직전에 이런 말을 남긴 이유는 무엇일까요?

한 나라의 패망이나 개인의 성패(成敗)는 알고 보면 작은 개미구멍 같은 실책에서 출발한다는 것을 너무나 잘 알고 있었기 때문일 겁니다. 영특하지 못한 아들이 아주 작은 잘못이라도 하지 않기를 바라는 아버지의 걱정이 짧은 문장 속에 한가득 담겨 있습니다.

착한 일이 아무리 작아도 무시하거나 그냥 지나치지 말고, 나쁜 짓이 아무리 작아도 하지 말라는 평범한 말이 비범한 말로 들리는 것은 이 말이 유언이기 때문입니다. '천 리 길도 한 걸음부터', '티끌 모아 태산'이라 하지 않던가요. 자잘한 선(善)이 모여 큰 선이 되고 작은 악(惡)이 모여 큰 악이 되니, 선악(善惡)은 경중(輕重)을 따질 수 없다는 진리를 유비는 마지막으로 알려주고 싶었을 겁니다.

"작든 크든 선은 선이요, 악은 악인 것을 명심하거라."

그러면 **善**(선할 선)의 자원을 살펴볼까요? 善은 羊(양 양)과 言(말씀 언)＋言이 결합된 한자입니다. 천신에게 제물로 바치기 위해 끌려가는 튼실한 양을 보고 좋다고 말  하는 사람들의 입을 그렸습니다. 선은 희생을 요구합니다. 희생과 봉사정신은 아무리 강조해도 지나치지 않지요. 남보다 더 손해 보는 것이 선이라고 생각하면 마음이 편해지지 않을까요?

반대로 **惡**(악할 악)은 등이 굽은 곱사등이를 그린 亞 (곱사등이 아)와 心(마음 심)이 결합하여 '나쁘다, 미워하다' 는 뜻이 되었습니다. 의학이 발달하지 않았던 옛날에는 신체적으로 불완전한 사람들이 많았습니다. 그들이 평생 어떤 수모를 겪으며 살았을지는 불 보듯 뻔합니다. 오랫동안 고생을 겪다 보면 마음이 모질고 독하게 변할 수밖에 없었을 겁니다. 그래서 악(惡)은 마음이 삐뚤어지고 모질게 변한 인간의 마음을 의미하게 되었지요.

나보다 경험이 풍부하고 나이가 많은 어른이 "하지 마라"는 경계의 말을 하는 것은 그만한 이유가 있습니다. 젊은 혈기만으로 세상을 살아갈 수 없음을 실패한 뒤에야 깨닫고 후회하지 않으려면, 연륜이 있는 인생 선배들의 조언을 귀담아들어야 합니다. 그것이 성공의 지름길이기도 합니다. 그러니 '勿(말라 물)'이라는 단어에 무게를 두고 선과 악의 의미를 다시 한 번 되새겨보면 어떨까요?

勿以善小而不爲하고
물 이 선 소 이 불 위

勿以惡小而爲之하라.
물 이 악 소 이 위 지

勿以善小而不爲

勿以惡小而爲之

03

타는 목마름으로 물을 찾듯이

見善如渴_{하고} 聞惡如聾_{하라.}
견 선 여 갈   문 악 여 롱

又曰 善事_는 須貪_{하고} 惡事_는 莫樂_{하라.}
우 왈 선 사   수 탐   악 사   막 락

선한 것을 보면 목마른 것처럼 하고
악한 것을 들으면 귀먹은 것처럼 하라.
착한 일은 모름지기 탐내야 하며, 나쁜 일은 즐겨 하지 말라.

| 한자 알기 | ●如 같을 여 ●渴 목마를 갈 ●聾 귀머거리 롱

꼭 사막을 헤맬 때가 아니어도, 우리는 날씨가 조금만 덥거나 운동을 하다가 목이 마르면 시원한 물을 찾습니다. 이때 마시는 물 한 모금은 그 무엇과도 비교할 수 없는 청량제이지요. 이렇게 타는 목마름으로 찾아야 할 것이 있습니다. 바로 선한 것, 착한 행동입니다.

갈증 나는 사람이 물을 찾듯이 착한 것을 보면 즉시 행동으로 옮기라는 말입니다. 반대로 악한 것을 들으면 귀먹은 것처럼 해야 합니다. 롱(聾)은 '귀가 먹다'는 뜻으로, 세상 물정에 어두운 사람을 가리킵니다. 세상 물정에 어두우면 행동이 느리고 주저하다가 멈추게 되지요. 다른 사람에 대한 악담이나 험담을 들으면 마치 귀먹은 사람처럼 못 들은 체해야 합니다. 머릿속에 남아 있는 것도 되도록 빨리 사라지게 해서 몸과 마음을 가볍게 하는 현명함이 필요합니다.

　여갈(如渴)은 '목마른 것과 같이 하다'로, 여기서는 '목마른 사람이 물을 찾듯이 급히 서두른다'는 뜻입니다. 한자어로 갈증(渴症), 해갈(解渴)을 생각하면 그 느낌을 짐작할 수 있지요. 갈증을 해소시키는 뜻을 가진 한자가 活(살 활) 자입니다. 氵(물)이 마른 舌(혀)에 떨어지는 순간 "아, 살 것 같아!" 하며 기쁨의 비명을 지르는 한자입니다. 이렇게 물 한 모금이 간절할 때가 있지요. 삶은 물 한 모금으로도 이렇게 행복해질 수 있답니다.

또한 우리는 지나치게 탐(貪)을 내지 말아야 합니다. 貪(탐낼 탐)은 수(지금) 앞에 있는 貝(조개=돈)을 갖고 싶어 하는 욕망에서 나왔습니다. 정도를 벗어나 더 많이 차지하려는 탐욕(貪慾) 본성이 고스란히 드러나 있습니다.

　인간의 탐욕 중에서도 식탐(食貪)은 그나마 귀여운 애교로 볼 수 있지요. 쇼핑하다가 물건이 탐난다고 값을 치르지 않고 가져가면 이는 절도입니다. 반면에 우리를 웃게 해주는 좋은 일은 넘치게 탐내도 좋습니다. 얼마든지 가져가서 다른 사람에게 주어도 좋습니다. 자제하지 않아도 됩니다. 마음껏 가져가도 됩니다. 선한 일이 세상을 아름답게 하기 때문입니다.

솜털처럼 가볍고 모래알처럼 작아도 좋은 일이라면 주저 없이 탐욕을 부려도 됩니다. 그것이 아무리 작아도 곧 세상 사람들을 기쁘게 만드는 마법을 부리기 때문입니다. 그래서 선이란, 목마른 사람이 물을 찾듯 갈구하며 욕심껏 탐을 내도 좋습니다.

見 善 如 渴
견 선 여 갈

이와 같이 앞의 원문에서 기억하고 싶은
한자를 자유롭게 써보세요.

見善如渴하고 聞惡如聾하라.
견 선 여 갈 문 악 여 롱

又曰 善事는 須貪하고 惡事는 莫樂하라.
우 왈 선 사 수 탐 악 사 막 락

見善如渴 聞惡如聾

又曰 善事 須貪 惡事 莫樂

04

자녀에게 무엇을 물려줄 것인가

積金以遺子孫이라도
적 금 이 유 자 손

未必子孫이 能盡守요,
미 필 자 손 능 진 수

不如積陰德於冥冥之中하여
불 여 적 음 덕 어 명 명 지 중

以爲子孫計也니라.
이 위 자 손 계 야

돈을 쌓아서 자손에게 물려줘도
자손이 반드시 다 지킬 수 있는 것은 아니다.
남모르게 음덕을 쌓아서
자손을 위한 계획으로 삼는 것만 못하다.

| 한자 알기 | ●遺 남길 유 ●未必(미필) 반드시 꼭 ~한 것은 아니다
●盡 다할, 모두, 다 진 ●A 不如(불여) B 'A는 B만 못하다' ●積 쌓을 적
●冥 어두울 명(명명冥冥: 남들이 모르게) ●以爲(이위) ~로 삼다

예부터 인간은 자식을 낳아 대를 잇는 것을 삶의 목적으로 여겼습니다. '자식은 눈에 넣어도 아프지 않다'고 할 만큼 자손에 대한 부모의 애정은 각별하지요. 예나 지금이나 부모라면 자식이 잘되기를 바라는 마음에서 재산을 유산(遺産)으로 물려주고 싶어 합니다.

그런데 그 유산을 과연 자식이 잘 지킬 수 있을까요? 미필(未必)은 부분 부정의 표현으로, '반드시 꼭 그런 것은 아니다'로 해석됩니다. 그러니까 자손들이 물려받은 재산을 잘 지킬 수도 있지만 그렇지 않을 수도 있다는 뜻입니다.

그렇다면 자손에게 무엇을 물려줘야 도움이 될까요? 돈이 아니라면 책을 물려주는 것은 어떨까요? 그러나 아무리 좋은 책이라도 자손이 읽지 않으면 그만입니다. 서재에서 먼지를 뒤집어쓰고 있는 책들은 유산이 아닌 잡동사니에 불과할 뿐입니다.

자손에게 물려줄 유산은 돈도 책도 아닌 음덕(陰德), 즉 남몰래 하는 선행입니다. 남몰래 선행을 쌓은 사람은 그 보답을 받는다는 고사성어 음덕양보(陰德陽報)의 유래를 되새겨봅시다.

춘추 시대 초나라의 재상이었던 손숙오(孫叔敖)는 어렸을 적 놀다가 머리가 둘 달린 뱀 '양두사(兩頭蛇)'를 보았습니다. 당시 양두사를 보면 얼마 못 가 죽는다는 속설이 있었지요.

집으로 돌아온 손숙오는 슬프게 울며 어머니에게 사실을 말씀드렸습니다. 남들도 양두사를 보고 자기처럼 죽을지 몰라 걱정되어 양두사를 죽였다고 했지요. 그러자 어머니는 웃으며 "음덕을 쌓은 사람은 죽지 않는다"고 아들을 위로해주었습니다.

 孫(자손 손)은 子(아들 자)와 系(이을 계)가 결합된 한자
입니다. 자식을 계속 낳아 대가 이어지기를 바라는 마음
이 한자에 고스란히 드러나지요. 그렇게 소중한 자식에
게, 우리의 뒤를 이을 후손에게 과연 무엇을 물려줘야 할
지 깊이 고민해봐야 합니다.

'오른손이 하는 일을 왼손이 모르게 하라'는 말이 있습니다. 남모르게
쌓은 선행이 훗날 자손에게 영향을 미치는 법입니다. 반대로 나쁜 짓을
하면 그 또한 자손에게 영향을 미치므로 자손을 생각해서 악행을 피하
고 작은 음덕도 열심히 쌓아야 합니다. 이것이야말로 어떤 재산과도 비
교할 수 없는 위대한 유산입니다.

積金以遺子孫이라도
적 금 이 유 자 손

未必子孫이 能盡守요,
미 필 자 손 능 진 수

不如積陰德於冥冥之中하여
불 여 적 음 덕 어 명 명 지 중

以爲子孫計也니라.
이 위 자 손 계 야

積金以遺子孫

未必子孫 能盡守

不如積陰德於冥冥之中

以爲子孫計也

05

은혜와 원망은 하늘과 땅 차이

恩義_를 廣施_{하라.}
은 의 광 시

人生何處不相逢_{이라.}
인 생 하 처 불 상 봉

讐怨_을 莫結_{하라.}
수 원 막 결

路逢狹處_면 難回避_{니라.}
노 봉 협 처 난 회 피

은혜와 의리를 널리 베풀어라.
살다 보면 어느 곳에선들 서로 만나지 않겠는가?
원수와 원망을 맺지 마라.
좁은 길에서 만나면 회피하기 어렵다.

|한자 알기| ●廣 넓을, 널리 광 ●施 베풀 시 ●何 무엇, 어찌 하
●逢 만날 봉 ●讐 원수 수 ●怨 원망 원 ●莫 말라 막
●狹 좁을 협 ●難 어려울 난 ●避 피할 피

'열 명의 친구를 사귀기보다는 단 한 명의 원수를 만들지 말라'는 말이 있습니다. 그 이유는 왼편 글의 인생하처불상봉(人生何處不相逢)에 있습니다. 사람이 살다 보면 어디서 어떻게 다시 만날지 알 수 없는 것이 세상 이치이기 때문이지요.

게다가 '인간만사 새옹지마(人間萬事 塞翁之馬)'라 하지 않던가요? 세상일은 아무도 모르는 겁니다. 내가 비난하거나 무시했던 사람이 훗날 어떤 모습으로 다시 나타날지 예측할 수 없습니다. 따라서 나쁜 감정을 풀지 못하면 나중에 어떤 대가를 치를지 짐작하기 어렵습니다.

恩(은혜 은)은 좋은 인연(因)으로 사랑하고 소중하게 생각하는 마음(心)을 뜻합니다. 이렇게 인정(人情)을 베푸는 사람은 걱정도, 원망도 없으니 몸을 대(大) 자로 하고 편하게 누워 잘 수 있습니다.

반면에 **怨(원망 원)**은 夗(누워뒹굴 원)과 心(마음 심)이 합쳐진 말로, 밤에 잠자리에서 이리저리 뒤척거리며 원망하는 마음에 잠이 오지 않음을 뜻합니다. 매일 스트레스를 잔뜩 받으며 살아가는 현대인의 모습과 크게 다르지 않지요. 은혜(恩惠)를 베풀 것인가? 원수(怨讐)를 만들 것인가? 선택은 각자의 몫입니다. 하지만 잠자리는 하늘과 땅 차이입니다.

군이 불교의 윤회설을 이야기하지 않더라도, 글로벌 시대에 살고 있는 우리는 이제 지구도 좁다고 생각할 만큼 많은 사람들과 관계를 맺고 있습니다. 때로는 외국의 낯선 도시를 여행하다 우연히 아는 사람을 만나기도 합니다. 그러니 적어도 나로 인해 타인이 잠 못 들고 원망하며 몸을 뒤척거리는 일만은 만들지 않도록 해야겠습니다.

인연은 돌고 돌아 어디서 무엇이 되어 다시 만날지 모릅니다. "어디서 무엇이 되어 다시 만나랴"는 시 구절처럼, 함박웃음으로 기쁘게 포옹할 수 있는 인연을 쌓기 위해 노력해야겠습니다.

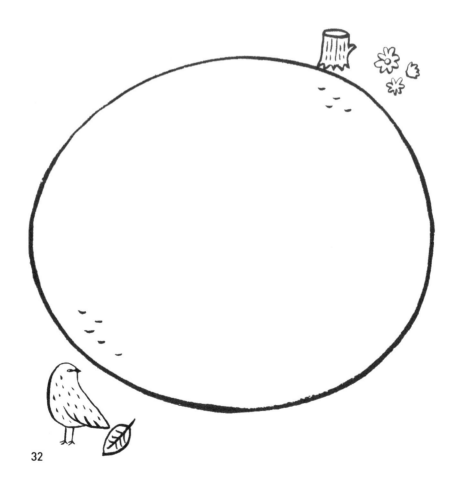

恩義를 廣施하라.
은 의 광 시

人生何處不相逢이라.
인 생 하 처 불 상 봉

讐怨을 莫結하라.
수 원 막 결

路逢狹處면 難回避니라.
노 봉 협 처 난 회 피

恩義　廣施

人生何處不相逢

讐怨　莫結

路逢狹處　難回避

子 曰 爲 善 者 天 報 之 以 福 爲 不
善 如 渴 聞 惡 如 聲 又 曰 善 事 須
廣 施 人 生 何 處 不 相 逢 讐 怨 莫
於 我 善 者 我 亦 善 之 於 我 惡 者
於 我 無 惡 哉 ● 種 瓜 得 瓜 種 豆
曰 死 生 有 命 富 貴 在 天 ● 太 公
子 何 孝 焉 ● 性 理 書 云 見 人 之
之 惡 而 尋 其 之 惡 如 此 方 是 有
孝 夫 無 煩 惱 是 妻 賢 言 多 語 失
爲 錢 ● 自 信 者 人 亦 信 之 吳 越
疑 之 身 外 皆 敵 國 花 落 花 開 開
必 常 富 貴 貧 家 未 必 長 寂 寞 拈
凡 事 莫 怨 天 意 於 人 無 厚 薄
轉 如 車 去 年 妄 取 東 隣 物 今 日
來 田 地 水 推 沙 若 將 狡 譎 爲 生
欲 知 其 君 先 視 其 臣 欲 識 其 人
蘇 東 坡 曰 無 故 而 得 千 金 不 有
甘 露 醉 後 添 盃 不 如 無 ● 酒 不

善 者 天 報 之 以 禍 ● 太 公 曰 見
貪 惡 事 莫 樂 ● 景 行 錄 曰 恩 義
結 路 逢 狹 處 難 回 避 ● 莊 子 曰
我 亦 善 之 我 旣 於 人 無 惡 人 能
得 豆 天 網 恢 恢 疎 而 不 漏 ● 子
曰 孝 於 親 子 亦 孝 之 身 旣 不 孝
善 而 尋 其 　 　 之 善 見 人
益 ● 父 不 　 　 憂 心 因 子
皆 因 酒 義 　 　 斷 親 疎 只
皆 兄 弟 自 　 　 疑 者 人 亦

제2편

천명(天命)

又 落 錦 衣 布 衣 更 換 着 豪 家 未
人 未 必 上 靑 推 必 塡 邱 壑 勸 君
● 堪 歎 人 心 毒 似 蛇 誰 知 天 眼
還 歸 北 舍 家 無 義 錢 財 湯 潑 雪
計 恰 似 朝 雲 募 落 花 ● 王 良 曰
先 視 其 友 欲 知 其 父 先 視 其 ●
大 福 必 有 大 禍 ● 渴 時 一 滴 如
醉 人 人 自 醉 色 不 迷 人 人 自 迷

06

자연의 이치를 따르라

順天者는 存하고 逆天者는 亡이니라.
순 천 자 존 역 천 자 망

하늘에 순응하는 자는 살아남고
하늘을 거스르는 자는 망한다.

|한자 알기| ●順 따를 순 ●逆 거스를 역 ●亡 망할 망

봄이 지나면 여름, 여름이 지나면 가을……. 그다음에 어떤 계절이 기다리고 있는지는 어린 꼬마들도 다 압니다. 거스를 수 없는 계절의 변화처럼 인간의 생로병사(生老病死) 역시 어느 누구도 벗어날 수 없지요.

'생자필멸 회자정리(生者必滅 會者定離)'라는 말이 있습니다. 태어나는 모든 것은 죽게 되어 있고, 그래서 만나는 모든 것은 언젠가는 헤어지게 되어 있다는 뜻입니다. 단순하지만 만고불변의 이 진리를 우리는 잊고 사는 날이 참 많습니다. 그리고 순리대로 산다는 것이 얼마나 어려운지도 뒤늦게야 깨닫습니다.

짧으면서도 이렇게 강렬한 문장이 또 있을까요? 세월이 켜켜이 쌓여 세상의 희로애락을 내려다보는 나이가 되면 더욱 깊숙이 폐부를 찌르는 명문이지요.

여기서 천(天)은 자연의 법칙을 말합니다. 공자가 나이 쉰에 지천명(知天命), 즉 천명(天命)을 알게 되었다고 했는데 바로 그 천명과 통합니다. 원편 글에서 순천자(順天者), 다시 말해 자연의 법칙을 따르는 자는 생존한다고 합니다. 자연의 법칙을 따르면 비록 실패하더라도 두려워하지 않고 도전하는 힘이 생긴다는 뜻이지요.

順(따를 순)은 자궁 속에서 엄마의 양수(川)를 따라 아기의 머리(頁)가 자연스럽게 흘러나오는 모양으로, 물 흐르듯 순리에 맞게 순응하는 것을 뜻합니다. 이렇게 인간이 태어날 때부터 누려온 자연의 법칙과 이치를 지키며 자신의 목표를 이끌어간다면 실패를 해도 두렵지 않습니다. 그런데 순리에 맞지 않게 편법을 쓰고 억지를 부려 목표를 달성하려 한다면 아무리 성공해도 실패한 것과 다름없지요. 눈에 보이는 성공 뒤에 숨어 있는 실패가 더 크게 작용할 것이기 때문입니다.

逆(거스를 역)은 뒷걸음치며 거꾸로(屰) 걸어가는(辶) 사람을 그렸으니 이치를 거스르는 행동을 말합니다. 마치 배가 역풍(逆風)을 맞으며 항해하는 꼴입니다. 역풍을 맞은 배는 얼마 못 가 뒤집어지겠지요? 반역(反逆), 역적(逆賊), 역류(逆流), 역행(逆行), 역주행(逆走行)이란 말에서 보듯이 역(逆)은 순리에서 벗어나 거꾸로 가는 느낌이 강합니다.

조선 시대 반역을 모의하다 형벌을 당하면 역(逆)겨운 피비린내가 진동합니다. 오늘날 도로에서 운전자가 역주행을 하면 그 피해는 상상을 초월해 끔찍하지요. 홍수가 나서 물이 도로에 역류하면 통행에 심각한 불편을 줍니다. 그리고 역(逆)은 이런 불편을 넘어 한 시대를 암흑의 세계로 인도하기도 합니다. 이러니 자연의 법칙을 거스르는 역천(逆天)의 결과는 불을 보듯 뻔합니다. 자기 의지대로, 순리대로 살기 어렵습니다.
'인생(人生)은 반(半)이 지나야 비로소 알게 된다'는 말을 되새겨보니, 나이 쉰이 되어야 천명을 알게 되고, 그 천명을 따르는 것이 결국 인간의 본성을 지키며 살아가는 방향키임을 깨닫습니다. 우리는 순리에 맞게 우리의 일을 묵묵히 행하며 살면 됩니다. 그래서 진인사이대천명(盡人事而待天命), '사람의 할 일을 다 하고 나서 천명을 기다린다'는 말이 예사롭지 않습니다.

順天者는 存하고 逆天者는 亡이니라.
순 천 자 존 역 천 자 망

順天者 存 逆天者 亡

07

하늘이 내려다보고 있다

若人作不善하야 得顯名者는
약 인 작 불 선   득 현 명 자

人雖不害나 天必戮之니라.
인 수 불 해   천 필 류 지

만일 착하지 못한 일을 해서 이름을 세상에 나타낸 자는
사람이 비록 해치지 않더라도 하늘이 반드시 죽일 것이다.

| 한자 알기 | ●若 만약 약 ●得 얻을 득 ●顯 나타날 현(현명顯名: 현달顯達 명성이 세상에 드러나 지위가 높아짐) ●雖 비록 수(비록 ~일지라도) ●不害(불해) 해치지 않음 ●戮 죽일 륙

어렸을 적에 읽었던 동화 기억하시나요? 호기심 가득한 마음으로 동화책을 펼치면 이야기 속 세상에는 온갖 선과 악이 난무합니다. 어린 마음에 혹시 나쁜 사람이 이길까봐 두근거리며 마지막 장까지 손에 힘을 주어가며 읽었던 기억이 있습니다. 이렇듯 극명하게 착한 사람과 나쁜

사람을 섞어놓고 결말은 뻔한 권선징악(勸善懲惡)으로 끝이 나지요.

그런데 현실에서는 반드시 권선징악으로 끝나지 않는 것 같다는 의구심이 듭니다. 심지어 나만 억울한 일을 당하거나 손해를 보는 느낌을 지울 수 없지요. 흔들리는 마음을 다시 한 번 다잡고자 할 때 생각나는 문장입니다.

천필륙지(天必戮之), '하늘이 반드시 죽일 것이다'. 참 무서운 말입니다. 동양의 고전에서는 이렇게 극단적인 표현을 즐겨 쓰지 않습니다. 서양의 동화처럼 선악을 확실히 구분 짓고 배척하고 밀어내지 않기 때문입니다. 동양에서는 선과 악의 경계선이 모호합니다. 이는 사람이 선할 수도, 악할 수도 있다는 논리이면서 어찌 보면 빠져나갈 구멍을 만들어 스스로 뉘우칠 수 있는 기회를 줍니다.

그런데 이 문장은 나쁜 짓을 하고도 벌은커녕 온갖 부귀영화를 누리면 하늘, 즉 신이 무서운 벌을 내려 죽인다는 내용입니다. 사람의 손을 떠나 신의 영역이 된 셈이지요. 그러니 굳이 우리가 응징하려고 애쓸 필요가 없습니다. 언젠가는 하늘이 벌을 내릴 테니 말이죠.

게다가 지금 그 당사자가 천벌을 받지 않으면 후손이 받는다고 합니다. 우리가 그 결과를 다 확인할 수 없어도 하늘이 우리를 한 치의 틈도 없이 내려다보고 있다는 사실만큼은 분명하지요.

그래서 옛 충신들은 억울한 일을 당해 사형장으로 끌려가면 마지막으로 "하늘이 무섭지도 않느냐!"고 외치곤 했습니다. 역사책이나 드라마에서 이 장면을 보면 숙연해지곤 합니다. 누구든 마음속으로 그 사실을 인정하기 때문이지요.

 출세를 의미하는 한자 顯(나타날 현)은 명성이 '드러나다'는 뜻입니다. 공자가 말하길 '양명어후세 이현부모 효지종야(揚名於後世 以顯父母 孝之終也)', 즉 출세하여 후세에 이름을 날려 부모를 드러내는 것이 효의 끝이라고 했습니다. 부모의 이름을 드높이는 것이야말로 최고의 효입니다.

옛날에도 출세하는 것을 인생의 성공으로 생각했습니다. 현달(顯達), 즉 지위가 올라가고 명망이 높아져 세상에 이름을 드러내는 것은 부러움의 대상이었습니다. 그러나 나쁜 짓을 해서 부정한 방법으로 출세하면 하늘이 가만히 놔두지 않습니다. 그런 성공은 오래가지 못합니다. 이런 성공은 부모도 원치 않습니다. 진정한 성공은 부정과 비리를 저지르지 않고 이름을 드높이는 것입니다.

오늘날 많은 사람들이 자신의 이름을 다양한 방법으로 드러내고 이를 발판 삼아 성공의 길로 들어가고자 노력합니다. 여기서 잊지 말아야 할 것은 자신의 귀중한 이름을 더럽히지 않아야 허망하게 무너지지 않는다는 사실입니다. 험한 세상의 등불이 되려면 자신의 이름을 바르게 하는 정명(正名)의 길을 걸어야 합니다. 맹자의 말씀처럼 하늘을 우러러 한 점 부끄럼이 없으려면 말입니다.

若人作不善하야 得顯名者는
약 인 작 불 선　　　득 현 명 자

人雖不害나 天必戮之니라.
인 수 불 해　　천 필 륙 지

若人作不善 得顯名者
人雖不害 天必戮之

08

뿌린 대로 거둔다

種瓜得瓜요, 種豆得豆라.
종 과 득 과   종 두 득 두

天網이 恢恢하여 疏而不漏니라.
천 망   회 회   소 이 불 루

오이를 심으면 오이를 얻고,
콩을 심으면 콩을 얻는다.
하늘의 그물은 넓고 넓어서
성글기는 하나 새어나가지 못한다.

|한자 알기| ●種 심을, 씨앗 종 ●瓜 오이 과 ●豆 콩 두
●網 그물 망 ●恢 넓을 회 ●疏 성글 소
●而 말이을 이(여기서는 '그러나'로 해석) ●漏 샐 루

'뿌린 대로 거둔다'는 말이 있습니다. 좀 무섭게 들리겠지만 세상의

이치임에는 틀림없지요. 흔히 인과응보(因果應報), 사필귀정(事必歸正),

자업자득(自業自得)이라고 합니다. 그런데도 우리는 오이를 심어놓고 커다란 수박이 열리기를 갈망하지요. 심지어 신통치 않은 결과물은 부정하는 어리석음을 보이기도 합니다. 이런 경험을 반복하고 또 반복하고, 그러다 나이를 먹고 나서야 비로소 깨닫게 됩니다.

원편 글의 첫 번째 문장부터 살펴보도록 하지요. 종과득과 종두득두(種瓜得瓜 種豆得豆). 오이를 심으면 오이를 얻고, 콩을 심으면 콩을 얻는다고 해석합니다. 그런데 그 뒷문장이 있을 거라고는 생각하지 못했을 겁니다.

천망(天網)이란, 나쁜 사람을 잡기 위해 하늘에 쳐놓은 그물입니다. 이 그물은 그물코가 크고 성글지만 넓고 넓어서 절대로 놓치는 일이 없다고 합니다. 불루(不漏)는 새지 않는다는 뜻입니다. 하늘에 쳐놓은 그물은 엉성해 보이지만 절대로 누락(漏落)되는 일이 없습니다.

漏(샐 루)는 집 안(尸)에 빗물(雨)이 새(屚) 방울방울(氵) 떨어지는 것, 즉 새고 있음을 뜻합니다. 집 안 어디선가 물이 샌다면 걱정부터 되지요. 그 이유는 누수(漏水)가 대형 사고의 원인이기 때문입니다.

그러나 하늘의 그물은 부실해 보일지 몰라도 뭔가 새어나가게 두거나 놓치는 법이 없습니다. 그러니 자신이 뿌린 대로 거둘 수밖에 없습니다. 눈속임을 쓰거나 안이하게 생각하다가 하늘 그물에 걸려서 천벌을 받는 것이지요. 꼼짝없이 잡히고 난 뒤에 후회한들 무슨 소용이 있겠습니까?

이제는 오이를 심어놓고 수박이 열리기를 바라지 말고 '콩 심은 데 콩 나고 팥 심은 데 팥 난다'는 옛말을 잊지 말아야겠습니다. 또한 심은 대로 무사히 잘 자라서 가을걷이를 할 수 있다면 그것이야말로 인생의 성공임을 깨달아야 하겠습니다.

이렇게 뿌린 대로 거둔다면 무엇을 심겠습니까? 돈이나 권력이 아닌 사랑, 용서, 명예, 신뢰를 심는다면 얼마나 좋을까요? 하늘 그물을 올려다보며 마지막으로 공자의 말씀을 음미해봅시다. '획죄어천 무소도야 (獲罪於天 無所禱也).' 하늘에 죄를 지으면 용서해달라고 기도할 곳이 없다는 말입니다.

種瓜得瓜요, 種豆得豆라.
종 과 득 과　종 두 득 두

天網이 恢恢하여 疏而不漏니라.
천 망　회 회　소 이 불 루

種瓜得瓜 種豆得豆

天網 恢恢 疏而不漏

子 曰 爲 善 者 天 報 之 以 福 爲

善 如 渴 聞 惡 如 聾 又 曰 善 事

廣 施 人 生 何 處 不 相 逢 讐 怨

於 我 善 者 我 亦 善 之 於 我 惡

於 我 無 惡 哉 ● 種 瓜 得 瓜 種

曰 死 生 有 命 富 貴 在 天 ● 太

子 何 孝 焉 ● 性 理 書 云 見 人

之 惡 而 尋 其 之 惡 如 此 方 是

孝 夫 無 煩 惱 是 妻 賢 言 多 語

爲 錢 ● 自 信 者 人 亦 信 之 吳

疑 之 身 外 皆 敵 國 花 落 花 開

必 常 富 貴 貧 家 未 必 長 寂 寞

凡 事 莫 怨 天 天 意 於 人 無 厚

轉 如 車 去 年 妄 取 東 隣 物 今

來 田 地 水 推 沙 若 將 狡 譎 爲

欲 知 其 君 先 視 其 臣 欲 識 其

蘇 東 坡 曰 無 故 而 得 千 金 不

甘 露 醉 後 添 盃 不 如 無 ● 酒

善 者 天 報 之 以 禍 ● 太 公 曰 見

貪 惡 事 莫 樂 ● 景 行 錄 曰 恩 義

結 路 逢 狹 處 難 回 避 ● 莊 子 曰

我 亦 善 之 我 旣 於 人 無 惡 人 能

得 豆 天 網 恢 恢 疏 而 不 漏 ● 子

曰 孝 於 親 子 亦 孝 之 身 旣 不 孝

善 而 尋 其 　 　 　 之 善 見 人

益 ● 父 不 　 **제3편** 　 憂 心 因 子

者 因 酒 義 　 **순명(順命)** 　 斷 親 疏 只

者 兄 弟 自 　 　 　 疑 者 人 亦

又 落 錦 衣 布 衣 更 換 着 豪 家 未

人 未 必 上 靑 推 必 塡 邱 壑 勸 君

● 堪 歎 人 心 毒 似 蛇 誰 知 天 眼

還 歸 北 舍 家 無 義 錢 財 湯 潑 雪

計 恰 似 朝 雲 募 落 花 ● 王 良 曰

尢 視 其 友 欲 知 其 父 先 視 其 ●

大 福 必 有 大 禍 ● 渴 時 一 滴 如

粹 人 人 自 醉 色 不 迷 人 人 自 迷

09

부귀는 하늘에 달렸다

死生有命이요, 富貴在天이라.
사 생 유 명 　 부 귀 재 천

생사는 천명에 달려 있고
부귀는 하늘에 달려 있다.

이 시대를 살아가는 우리는 지금이 가장 힘들다고 말합니다. 그런데 가만히 생각해보면 어느 시대나 사건 사고가 끊이지 않고 벌어졌습니다. 다만 그 사건이 인간으로서 감내(堪耐)할 수 있느냐 없느냐, 그리고 나와 관계가 있느냐 없느냐 차이일 겁니다. 나아가 사람이라면 차마 눈 뜨고 볼 수 없는 목불인견(目不忍見)의 참상(慘狀)이 벌어질 때는 누구든 극심한 고통을 받습니다. 이럴 때 이 문장으로 우리는 조금이나마 위로를 받습니다.

물론 당사자들은 이런 말로도 위로가 안 되겠지만 사람이 죽고 사는 것은 모두 운(運), 즉 천명(天命)에 달려 있으니 사람의 힘으로는 어찌할 수 없는 게 분명합니다. 그러면 오랜 시간 사람들의 입에 자주 오르내리는 이 문장의 유래를 볼까요.

공자의 제자 사마우(司馬牛)의 친형 사마환퇴(司馬桓魋)는 공자를 죽이려고 했던 천하의 악인이었습니다. 사마우는 이런 형이 몹시 부끄럽고 또 슬퍼서 이렇게 말했지요. "남들은 모두 형제 간 화목하게 지내지만, 저만 형제가 없습니다."

그러자 자하(子夏)가 대답했습니다. "제가 듣기로는 사생유명 부귀재천(死生有命 富貴在天), 즉 죽음과 삶에는 정해진 운명이 있고 부자가 되고 귀하게 되는 것은 하늘에 달려 있다고 합니다. 군자가 사람을 공경하여 실수하지 않고 다른 사람과 더불어 공손히 예의를 지킨다면 온 세상 사람이 다 형제일 텐데, 군자는 어찌 형제가 없다고 걱정하십니까?"

자하는 사마우에게 지금 우리가 살아 있음에 만족하고 예의를 지키며 살면 주변에서 도와줄 사람들이 많다고 위로했습니다. 온 세상 사람이 모두 형제라는 '사해형제(四海兄弟)'라는 말도 여기서 유래했지요.

死(죽을 사)를 살펴보면, 들판에 널브러져 뼈가 드러난 시체(歹) 옆에 몸을 숙여 명복을 빌고 있는 사람(匕)이 있어서 그나마 죽은 사람은 외롭지 않습니다. 그리고 그 옆에서는 새싹(生)이 씩씩하게 올라와, 생(生)과 사(死)는 이렇듯 언제나 시공을 초월해서 공존합니다. 병원에 신생아실과 영안실이 함께 있는 것처럼 말입니다. 죽음이 있어도 삶은 새로 시작되니 살아 있는 모든 것은 아름답습니다. 물론 살다 보면 운이 좋을 때가 있고 나쁠 때가 있습니다. 그러나 인간만사 새옹지마 아닙니까? 그러니 너무 조급하게 운이 오기를 보챌 것도, 운이 없다고 슬퍼할 것도 없지요.

다시 한 번 앞 문장을 음미해봅시다. '사람이 죽고 사는 것은 이미 타고 난 운명에 달려 있고, 재물을 모아 부자가 되고 출세하여 귀하게 되는 것은 다 하늘에 달려 있다.' 그리고 만사분이정 부생공자망(萬事分已定 浮生空自忙), 즉 세상 모든 일이 이미 다 정해져 있는데 지금도 덧없는 뜬구름 같은 인생을 혼자 바쁘게 돌아다니는 것은 아닌지 되돌아봅시다.

死生有命이요, 富貴在天이라.
사 생 유 명   부 귀 재 천

死生有命 富貴在天

子　曰　爲　善　者　天　報　之　以　福　爲　不

善　如　渴　聞　惡　如　聾　又　曰　善　事　須

廣　施　人　生　何　處　不　相　逢　讐　怨　莫

於　我　善　者　我　亦　善　之　於　我　惡　者

於　我　無　惡　哉　●　種　瓜　得　瓜　種　豆

曰　死　生　有　命　富　貴　在　天　●　太　公

子　何　孝　焉　●　性　理　書　云　見　人　之

之　惡　而　尋　其　之　惡　如　此　方　是　有

孝　夫　無　煩　惱　是　妻　賢　言　多　語　失

爲　錢　●　自　信　者　人　亦　信　之　吳　越

疑　之　身　外　皆　敵　國　花　落　花　開　開

必　常　富　貴　貧　家　未　必　長　寂　寞　扶

凡　事　莫　怨　天　天　意　於　人　無　厚　薄

轉　如　車　去　年　妄　取　東　隣　物　今　日

來　田　地　水　推　沙　若　將　狡　譎　爲　生

欲　知　其　君　先　視　其　臣　欲　識　其　人

蘇　東　坡　曰　無　故　而　得　千　金　不　有

甘　露　醉　後　添　盃　不　如　無　●　酒

善	者	天	報	之	以	禍	●	太	公	曰	見
貪	惡	事	莫	樂	●	景	行	錄	曰	恩	義
結	路	逢	狹	處	難	回	避	●	莊	子	曰
我	亦	善	之	我	既	於	人	無	惡	人	能
得	豆	天	網	恢	恢	疎	而	不	漏	●	子
曰	孝	於	親	子	亦	孝	之	身	既	不	孝
善	而	尋	其					之	善	見	人
益	●	父	不					憂	心	因	子
者	因	酒	義					斷	親	疎	只
者	兄	弟	自					疑	者	人	亦
又	落	錦	衣	布	衣	更	換	着	豪	家	未
人	未	必	上	青	推	必	塡	邱	壑	勸	君
●	堪	歎	人	心	毒	似	蛇	誰	知	天	眼
還	歸	北	舍	家	無	義	錢	財	湯	潑	雪
計	恰	似	朝	雲	募	落	花	●	王	良	曰
尤	視	其	友	欲	知	其	父	先	視	其	●
大	福	必	有	大	禍	●	渴	時	一	滴	如
醉	人	人	自	醉	色	不	迷	人	人	自	迷

제4편

효행(孝行)

시간이 흘러 부모를 생각하니

父兮生我하시고 母兮鞠我하시니,
부 혜 생 아   모 혜 국 아

哀哀父母여. 生我劬勞로다.
애 애 부 모   생 아 구 로

欲報深恩이니 昊天罔極이로다.
욕 보 심 은   호 천 망 극

아버지 나를 낳으시고 어머니 나를 기르시니,
아아, 애달프다 부모님이시여.
나를 낳아 기르시느라 애쓰고 수고하시었네.
그 은혜를 갚고자 하니 넓은 하늘처럼 끝이 없다.

| 한자 알기 | ●兮 어조사 혜('~이여'로 해석) ●鞠 기를 국
●哀 슬플 애(애애哀哀: 애달프다는 뜻) ●劬 수고로울 구 ●勞 힘쓸 로(구로
劬勞: 자식을 낳아 기르는 수고) ●昊 하늘 호(호천昊天: 넓은 하늘) ●罔 없을 망
●極 다할 극(망극罔極: 이루 말할 수 없이 크다)

해마다 5월이면 가정의 달이라 해서 다양한 행사가 곳곳에서 벌어집니다. 그중에서도 5월 8일 어버이날은 자식의 도리를 다시 한 번 돌아보게 하는 날이지요. 이날 전국 방방곡곡에 울려 퍼지는 어버이날 노래를 나직이 불러볼까요?

나실 제 괴로움 다 잊으시고
기를 제 밤낮으로 애쓰는 마음
진자리 마른자리 갈아 뉘시며
손발이 다 닳도록 고생하시네.
하늘 아래 그 무엇이 넓다 하리요.
어머님의 희생은 가이 없어라.

부를 때나 들을 때나 한결같이 눈물이 핑 돌고 코끝이 찡해지는 노랫말입니다. 부모님께 효도하라는 말을 정말 많이 듣지만 정작 무엇이 효도인지, 어떻게 해야 하는 건지 알기 어렵습니다. 그러면 옛사람이 생각한 효를 한자를 통해 볼까요?

이미 머리가 허옇게 세고 다 빠져서 몇 가닥 남지 않은 머리카락과 지팡이를 그린 老(늙을 로)에서 지팡이 대신 자식(子)이 부모를 부축하며 걸어가는 모습이 孝(효도 효)입니다. 돈이 많이 드는 것도, 시간이 많이 필요한 것도 아닙니다. 그저 마음만 있으면 누구나 할 수 있는, 지극히 평범한 일상에서 실천할 수 있는 것이 효(孝)입니다.

그런데 요즘 사람들은 효도해야 한다는 생각 자체가 부담스러운 듯합니다. '뭘 해드릴까?', '너무 비싼 거 아냐?' 등 머리 굴리기 바쁩니다. 심지어는 귀찮아하기도 하지요. 풍요로운 세상에 살다 보니 제 몸이 저절로 자라난 줄 압니다. 그래서 '결혼하고 자식 낳아보면 부모 마음 안다'는 말이 있나 봅니다.

시간이 흘러 뒤늦게 깨닫고 뒤돌아보면 부모님은 그 자리에 계시지 않을지 모릅니다. 회한(悔恨)의 눈물만 흘리게 되는 것이지요.

父兮生我하시고 母兮鞠我하시니,
부 혜 생 아　　　모 혜 국 아

哀哀父母여. 生我劬勞로다.
애 애 부 모　　생 아 구 로

欲報深恩이니 昊天罔極이로다.
욕 보 심 은　　호 천 망 극

父兮生我　母兮鞠我

哀哀父母　生我劬勞

欲報深恩　昊天罔極

11

까마귀에게서 배우는 효의 기본

孝於親하면 子亦孝之하니,
효 어 친 　 자 역 효 지

身旣不孝하면 子何孝焉이리오.
신 기 불 효 　 자 하 효 언

부모에게 효도하면 자식이 또한 효도하나니
자신이 이미 효도하지 않았는데 자식이 어찌 효도하겠는가?

| 한자 알기 | ●親 어버이 친 ●何 어찌 하 ●焉 어조사 언

　흔히 까마귀는 시체를 뜯어 먹는 새로 알려져 있습니다. 냄새를 기막히게 잘 맡아서 시체 주변으로 제일 먼저 달려오니 불길한 징조를 알리는 대명사가 되었지요. 그러나 효조(孝鳥)라는 반전의 매력이 있습니다. 학교에서 배운 반포지효(反哺之孝)를 기억했다면 무릎을 치게 되죠. 성장한 새끼 까마귀가 지쳐 있는 어미 까마귀를 위해 먹이를 물어다준다

는 뜻입니다. 단순히 색깔이 까맣다는 이유로 선입견을 갖게 된 것은 아닌지 반성해봐야 합니다.

효조 까마귀에 대한 이야기는 잘 알려져 있습니다. 그렇다면 혹시 불효조(不孝鳥)도 있을까요? 불행하게도 까마귀와 달리 불효막심한 새가 있답니다.

이 새는 어미 새가 열심히 물어다준 먹이를 받아먹고 무럭무럭 자랍니다. 어린 새가 자라나면 어미 새는 사냥을 가르치기 위해 새끼를 둥지 밖으로 데리고 나가 열심히 훈련을 시키지요.

그런데 사냥을 배운 어린 새는 둥지로 돌아오는 길에 어미 새를 해치고 저 혼자 돌아온다고 합니다. 생각만 해도 너무 끔찍해서 차마 믿기 어려운 이야기이지요. 그래서 옛날 사람들은 불효를 저지르는 이 새를 보면 붙잡아 죽이고 나무에 목을 대롱대롱 매달아두었다고 합니다. 그 이유는 불효에 대한 경각심을 일깨워주기 위해서였지요. "부모에게 잘못하면 이렇게 된다!" 나무에 목이 매달린 이 새는 다름 아닌 올빼미(梟)입니다.

그래서 이 새(鳥)가 나무(木)에 매달려 있는 모습을 한 **梟(올빼미 효, 목매달아죽일 효)**가 만들어졌답니다. 믿지 못할 이야기지만 이렇게 한자에서 분명한 증거를 찾을 수 있습니다. 그래서 악행을 저지른 죄인의 목을 매달아 처형하는 것을 효수(梟首), 효시(梟示)라고 하지요.

자식은 부모가 하는 그대로 흉내 내는 따라쟁이들입니다. 그래서 아이 앞에서 찬물도 마음대로 마시지 못하지요. 자신이 부모님께 효도하는 모습을 자식이 옆에서 말없이 지켜보고 있다는 것을 잊어서는 안 됩니다. 그리고 자신이 성장할수록 부모님은 서산에 지는 해가 되고 있다는 사실을 슬프지만 인정해야 합니다. 언제나 그 자리에 그 모습으로 계실 것 같지만 그렇지 않습니다.

불현듯 공자의 말씀이 생각납니다. 부모지년 불하부지야 일즉이희 일즉이구(父母之年 不可不知也 一則以喜 一則以懼). 부모의 나이는 알지 않으면 안 되니, 한편으로는 기쁘고 한편으로는 두렵다는 말입니다. 살아 계셔서 기쁘고 점점 늙으셔서 슬프고 두렵지요. 반포(反哺)까지는 어려워도 간단한 문자 정도는 자주 보내는 습관을 가져봅시다.

孝於親하면 子亦孝之하니
효 어 친   자 역 효 지

身旣不孝하면 子何孝焉이리오.
신 기 불 효   자 하 효 언

孝於親 子亦孝之
身旣不孝 子何孝焉

子曰爲善者天報之以福爲不

善如渴聞惡如聾又曰善事須

廣施人生何處不相逢讐怨莫

於我善者我亦善之於我惡者

於我無惡哉 ● 種瓜得瓜種豆

曰死生有命富貴在天 ● 太公

子何孝焉 ● 性理書云見人之

之惡而尋其之惡如此方是有

孝夫無煩惱是妻賢言多語失

爲錢 ● 自信者人亦信之吳越

疑之身外皆敵國花落花開朋

必常富貴貧家未必長寂寞拒

凡事莫怨天天意於人無厚薄

轉如車去年妄取東隣物今日

來田地水推沙若將狡譎爲生

欲知其君先視其臣欲識其人

蘇東坡曰無故而得千金不有

甘露醉後添盃不如無 ● 酒不

제5편 정기(正己)

見義曰能子孝人子只亦未君眼雪曰如迷
曰恩子人不見因疏人家勸天潑良其滴自
公曰莊惡漏既善心親者豪堅知湯王視一人
太錄無不身之憂斷疑着邱誰財先時人
行避人而之換塡蛇錢花父渴迷
禍景回於疏孝更必似義落其不
以難既恢亦衣推毒無募知禍色
之樂處我恢子不自布青心家雲欲大醉
報莫狹之網親其不義自衣上人舍朝友有自
天事逢善天於尋父酒弟錦必歎北似其必人
者惡路亦豆孝而因兄落未堪歸恰視福人
善貪恬找得曰善益皆皆又人還十七大卒

12

맑은 눈으로 세상을 바라보자

樂見善人하며 樂聞善事하며
낙 견 선 인   낙 문 선 사

樂道善言하고 樂行善意하니라.
낙 도 선 언   낙 행 선 의

착한 사람 보기를 즐겨 하며, 착한 일 듣기를 즐겨 하며
착한 말 이르기를 즐겨 하며, 착한 뜻 행하기를 즐겨 하라.

|한자 알기| ●道 말할 도(~을 말하다)

사람은 누구나 잘 먹고 잘살고 싶어 합니다. 그런데 죽는 날까지 이 부귀영화에 대한 욕망에서 벗어나지 못하는 사람들과는 다른 삶을 살다 간 인물이 있습니다. 북송 시대 소강절(邵康節)이 그 주인공입니다. 나이 서른에 관직의 미련을 버리고 낙양으로 낙향하여 제자 양성에 힘을 쏟으며 소박한 삶을 살다 간 소강절. 그의 인생은 지금도 시에서, 그림에서 주인공이 되어 환생하곤 합니다. 한번은 사마광(司馬光)이 소강절을

만나기로 하였는데, 소강절이 작은 수레를 타고 낙양에서 꽃구경에 빠져 이리저리 기웃거리느라 오지 않자 사마광은 "꽃 너머 작은 수레 아직도 오지 않네"라는 애교 섞인 시를 남기기도 했지요. 그의 삶은 소박함과 맑음 그 자체였습니다.

'나도 소강절처럼……' 하고 마음을 먹어도 이를 실천하기란 쉽지 않습니다. 물욕(物慾)을 버리고 맑은 정신으로 산다는 것은 우리 같은 평범한 사람들에게는 히말라야 정복만큼이나 버겁지요. 그래도 언젠가는 이렇게 살고 싶다는 작은 소망을 갖고 희망찬 하루를 보내야겠습니다. 소강절이 세상을 뜨기 전 일생을 회고하는 시를 지었는데 이를 천천히 음미하면서 오늘 나의 모습을 돌아봅시다.

안락음(安樂吟)

안락 선생, 이름을 숨기고
安樂先生 不顯姓氏(안락선생 불현성씨)
30년간 낙수(落水)가에 살았다네.
垂三十年 居洛之涘(수삼십년 거락지사)
바람과 달을 품고 강호가 기질에 맞아
風月情懷 江湖性氣(풍월정회 강호성기)
하늘을 날아올라 빙빙 돌다가 내려앉았네.
色斯其舉 翔而後至(색사기거 상이후지)
천함, 가난함, 부유함, 귀함도 없다네.
無賤無貧 無富無貴(무천무빈 무부무귀)
보내고 맞이하고 얽매이고 거리낌도 없다네.
無將無迎 無拘無忌(무장무영 무구무기)

궁색한 생활에도 근심이 없고 술을 마셔도 취하지 않고
窘未嘗憂 飮不至醉 (궁미상우 음부지취)

세상의 봄을 모두 거두어서 내 가슴에 간직했네.
收天下春 歸之肝肺 (수천하춘 귀지간폐)

연못을 보며 시를 떠올리고 누추한 집에서 눈을 붙였으며
盆池資吟 甕牖薦睡 (분지자음 옹유천수)

작은 수레에 마음 담아 큰 붓으로 신나게 써 내려가네.
小車賞心 大筆快志 (소차상심 대필쾌지)

두건을 쓰기도 하고, 반팔 옷을 입기도 하고
或戴接䍦 或著半臂 (혹대접리 혹저반비)

숲 사이에 앉기도 하고, 물가를 거닐기도 하네.
或坐林間 或行水際 (혹좌림간 혹행수제)

착한 사람 보기를 즐겨 하고, 착한 일 듣기를 즐겨 하고
樂見善人 樂聞善事 (낙견선인 낙문선사)

착한 말 하기를 즐겨 하고, 착한 뜻 행하기를 즐겨 했네.
樂道善言 樂行善意 (낙도선언 낙행선의)

남의 악행을 들으면 따가운 가시를 짊어진 것 같았고
聞人之惡 若負芒刺 (문인지악 약부망자)

남의 선행을 들으면 난초와 혜초를 허리에 찬 것 같았지.
聞人之善 如佩蘭蕙 (문인지선 여패란혜)

선사에게 아첨하지 않으며 방사에게 아첨하지 않았다네.
不佞禪伯 不諛方士 (불녕선백 불유방사)

집 마당으로 나가지 않아도 하늘과 땅을 바로 볼 수 있으니
不出戶庭 直際天地 (불출호정 직제천지)

삼군의 위세로도 함부로 못 하고, 만종의 봉급으로도 이를 수 없었네.
三軍莫凌 萬鍾莫致 (삼군막릉 만종막치)

이렇게 쾌활하게 65년을 살아왔네.
為快活人 六十五快活歲 (위쾌활인 륙십오쾌활세)

樂見善人하며 樂聞善事하며
낙 견 선 인   낙 문 선 사

樂道善言하고 樂行善意하니라.
낙 도 선 언   낙 행 선 의

樂 見 善 人　樂 聞 善 事

樂 道 善 言　樂 行 善 意

13

부지런한 사람이 이긴다

勤爲無價之寶요,
근 위 무 가 지 보

愼是護身之符니라.
신 시 호 신 지 부

근면은 값을 매길 수 없는 보배요,
신중함은 몸을 보호하는 부적이다.

| 한자 알기 | ●勤 부지런할 근 ●爲 할 위(여기서는 '~이다'의 뜻)
●愼 삼갈 신 ●是 옳을 시(여기서는 '~이다'의 뜻) ●符 부적 부

　'일찍 일어나는 새가 벌레를 잡는다'는 말이 한동안 유행한 적이 있었습니다. 뒤이어 하루를 일찍 시작하는 '아침형 인간' 열풍이 불었지요. 아침 일찍 일어나 자기계발을 위해 부지런히 움직이면 성공적인 삶을 살 확률이 높아진다고 합니다. 그래서 많은 사람들이 실천한다지요? 하지만 그렇다고 해서 '저녁형 인간'이 실패할 확률이 높다고 단정 지을

수는 없습니다. 저녁형 인간, 일명 올빼미형 인간은 저녁이 돼야 눈이 초롱초롱해지고 뇌 회전이 잘된다고 합니다.

중요한 것은 어떤 형의 인간인가보다 자신이 주로 활동하는 시간에 얼마나 열심히 집중하고 시간을 잘 관리하느냐가 아닐까요? 어디서든 부지런하고 집중력 있는 사람이 성공할 확률이 높습니다.

공짜로 시중에 공급하는 신문이나 잡지를 무가지(無價紙)라고 합니다. 아침 지하철역 입구에서 무료로 배포되는 40쪽 안팎의 신문들이 바로 무가지입니다. 무가(無價)에는 극과 극을 달리는 두 가지 뜻이 있습니다. 지하철에서 무료로 배포하듯 '값이 없다'는 뜻과 '값으로 매길 수 없을 만큼 귀중하다'는 뜻입니다.

근면(勤勉)은 지하철역에 널려 있는 무가지가 아닙니다. 박물관에 전시되어 있는 보물, 즉 무가지보(無價之寶)입니다. 그러니까 근면이라는 보물이 남녀노소를 가리지 않고 누구에게나 있다는 말이지요. 그런데 이 사실을 잘 모르거나 뒤늦게 깨닫고 후회하는 사람이 대부분입니다.

밭이나 논에서 하는 작업은 진흙이나 갯벌에서 하는 작업과 비교할 수 없이 힘듭니다. 발이 푹푹 빠져서 웬만한 장정도 금방 지치는 최악의 작업이지요. 勤(부지런할 근)은 이렇게 질척거리는 진흙(堇) 밭에서 힘(力)을 내어 쉬지 않고 부지런히 일한다는 뜻에서 만들어졌지요. 그래서 근면한 사람은 아무도 이길 수 없다고 합니다.

愼(삼갈 신)은 참(眞)되고 진지하게 조심하는 마음(忄)입니다. 신중(愼重)하게 행동해야 실수가 적습니다. 경거망동(輕擧妄動)하지 않고 침착하게 행동하는 이성적인 판단력이야말로 내 몸을 보호하는 가장 큰 무기입니다.

추운 겨울날 강가의 얼음판 위를 걸을 때를 생각해봅시다. 아무리 꽁꽁 얼었다고 해도 조심조심 걷게 되지요. 혹시라도 얼음판이 깨지면 목숨이 위태로워질 수 있기 때문입니다. 얼음 위를 걷듯 매사 조심하고 신중하게 행동하는 것이 세상을 살아가는 현명한 처세술입니다. 경거망동하면 일신(一身)의 안전도 보장할 수 없으니 '여리박빙(如履薄氷)', 살얼음판을 걷듯 조심 또 조심해야 합니다.

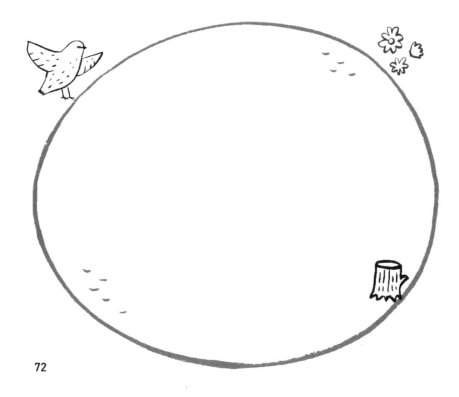

勤爲無價之寶요,
근 위 무 가 지 보

愼是護身之符니라.
신 시 호 신 지 부

勤爲無價之寶
愼是護身之符

14

당신의 인생은 몇 등급입니까

保生者_는 寡慾_{하고}
보 생 자 과 욕

保身者_는 避名_{이니}
보 신 자 피 명

無慾_은 易_나 無名_은 難_{이니라.}
무 욕 이 무 명 난

삶을 보전하려는 자는 욕심을 적게 하고
몸을 온전히 보전하려는 자는 명예를 피하라.
욕심을 없애기는 쉬우나 명예를 없애기는 어렵다.

| 한자 알기 | ●保生(보생) 삶을 보전하다 ●寡 적을 과
●保身(보신) 몸을 보전하다 ●避 피할 피
●避名(피명) 이름이 알려지기를 피함(명예를 멀리함)
●無名(무명) 이름이 알려지지 않음

74

어떻게 살아야 잘 사는 것일까요? 누구나 한 번쯤 고민을 합니다. 시대에 따라 추구하는 이상적인 삶이 다른 듯하지만 그 내면으로 들어가 보면 별반 차이가 없습니다. 문명의 혜택을 누리지 못한, 그러니까 컴퓨터나 스마트폰, 자동차 등이 없던 시대에도 인간은 정신과 신체를 어떻게 관리해야 하는지 고민하고 갈등하며 해답을 찾아나갔습니다.

사람은 부유해지면 명예를 얻고 싶어 합니다. 부와 명예를 양손에 다 거머쥐어야 제대로 성공했다고 생각합니다. 그런데 둘 중 하나를 버리라고 하면 부를 버리지, 명예를 버리기는 쉽지 않다고 합니다. 명예를 부보다 더 높이 여기는 까닭입니다. 그러면 진정한 명예란 무엇이며 어떻게 지켜야 깨지지 않을까요? 다산 정약용 선생의 편지 속에서 찾아보도록 합시다.

유배 생활을 하고 있는 정약용에게 어느 날 아들 연아가 편지를 보냈습니다. 항복하고 애걸이라도 해서 고달픈 유배 생활을 벗어나고 동정을 받으라는 내용이었지요. 아들의 편지를 받은 정약용은 이렇게 답장했습니다.

천하에는 두 가지 큰 저울이 있다. 하나는 시비(是非), 즉 옳고 그름의 저울이고 다른 하나는 이해(利害), 즉 이로움과 해로움의 저울이다. 이 두 가지 큰 저울에서 네 가지 등급이 생겨난다.

1등급은 수시이획리(守是而獲利). 옳은 것을 지켜 이로움을 얻는 것이다.

2등급은 수시이취해(守是而取害). 옳은 것을 지키다가 해로움을 입는 것이다.

3등급은 추비이획리(趨非而獲利). 그릇됨을 좇다가 이로움을 얻는 것이다.

가장 낮은 4등급은 추비이취해(趣非而取害). 그릇됨을 좇다가 해로움을 부르는 것이다.

시비와 이해의 두 저울을 짝짓기하면 이처럼 네 가지 등급이 나옵니다. 1등급 인생은 우리가 원하는 가장 이상적인 삶이지요. 옳은 길로 가면서 부자도 되고 명예도 얻는 겁니다. 완벽하게 성공한 삶이지요. 2등급 인생은 옳은 길을 가다가 그만 손해를 보게 되니 자리에서 물러나거나 패가망신할 수 있습니다. 그래도 지조와 신념을 잃지 않았으니 안분지족(安分知足), 안빈낙도(安貧樂道)의 삶을 살 수 있습니다. 문제는 3등급과 4등급입니다. 비리와 부정을 저지르며 이득을 취하는 3등급, 이득은커녕 손해를 보거나 패가망신하는 4등급은 오십보백보입니다.

부정과 비리로 부유해지고 명예로워질 수 있지만 과연 얼마나 갈 것이며 누가 알아줄까요? 그나마 3등급이면 다행인 듯하지만 한순간에 4등급으로 떨어지는 경우가 다반사입니다. 그래서 비리를 저지르다 세상에 드러나 불명예스럽게 자리에서 물러나는 사람들이 참으로 많습니다. 그야말로 순식간에 3류에서 4류 인생이 되는 겁니다.

정약용은 부정과 비리를 저지르는 사람이 되느니 운명대로 지조 있게 살다 세상을 뜨겠노라고 아들을 질타했습니다. 우리도 살면서 수많은 선택의 순간을 맞이합니다. 당신은 무엇을 선택하시겠습니까?

保生者는 寡慾하고
보 생 자 과 욕

保身者는 避名이니
보 신 자 피 명

無慾은 易나 無名은 難이니라.
무 욕 이 무 명 난

保生者 寡慾
保身者 避名
無慾 易 無名 難

15

담백한 식사는 장수의 비결

食淡精神爽이요,
식 담 정 신 상

心淸夢寐安이니라.
심 청 몽 매 안

음식이 담백하면 마음이 상쾌하고,
마음이 맑으면 잠자리도 절로 편안하다.

| 한자 알기 | ●淡 맑을 담(담박淡泊, 담백淡白)
●爽 시원할 상(상쾌爽快) ●淸 맑을 청 ●寐 잠잘 매

　　우리가 사는 세상에는 화려한 네온사인을 자랑하는 높은 건물, 진시황도 울고 갈 산해진미, 손에 넣고 싶은 명품들이 넘쳐나지요. 정신을 바짝 차리지 않으면 자기도 모르게 정도(正道)를 넘고 마음은 욕심(慾心)으로 가득 차 "남보다 내가 더 많이!"를 외치며 달려갑니다.

이렇게 살다 보면 건강한 정신과 육체로 장수하기는 어렵습니다. 옛 사람들도 이를 알고 병에 걸리지 않고 장수하기 위한 양생법(養生法)을 추구했습니다.

淡(맑을 담)은 불순물이 있는 물(氵)을 뜨거운 불(炎)에 가열하여 불순물을 제거해서 만든 증류수를 뜻합니다. 그래서 식담(食淡)이란 음식이 담박(淡泊)하다는 뜻으로, 담박이 오늘날에는 담백(淡白)으로 바뀌었습니다. 음식이 싱겁고 깔끔하며 느끼하지 않고 산뜻한 맛이 난다는 뜻입니다. 순수한 증류수처럼 자극적이지 않은 음식을 먹어야 정신이 맑아지며, 기름진 음식은 정신을 흐리게 한다는 뜻이지요.

사실 정신이 맑아야 잠자리가 편하고 일상생활에 활력이 생깁니다. 그런데 요즘 TV 예능 프로그램에서 인기를 끌고 있는 이른바 '먹방'은 보기만 해도 침이 고여 참는 것이 고역입니다. 그래서 결국에는 식탐을 참지 못하고 과식(過食)을 하게 됩니다.

과유불급(過猶不及) 지나침은 모자람과 같다고 하였거늘, 맛있는 음식이 넘쳐나는 오늘날의 우리에게 절제된 식사는 차라리 고문입니다. 여기에 스트레스까지 겹쳐 정신이 맑지 않아 잠자리가 뒤숭숭해지는 일이 반복되면서 결국은 건강을 해치게 됩니다.

그래서일까요, 요즘 현대인이 가장 무서워하는 암(癌) 같은 질병이 기하급수적으로 늘었다고 합니다.

癌(암 암)은 나쁜 세포가 무한 증식해서 마치 암석(嵒)처럼 굳어져 악성 종양을 일으키는 병(疒)입니다. 쉽게 낫지 않는 암은 오늘날 가장 무서운 질병 중 하나가 되었습니다. 암을 예방하는 수칙을 보면 고열량, 고기, 술 같은 자극적인 음식을 자제하라고 합니다. 그 대신 담백한 과일과 채소류를 권하지요. 물론 그렇다고 해서 암에 걸리지 않는 것은 아닙니다. 담백한 음식과 함께 욕심과 생각을 적게 하여 마음의 여유를 찾도록 연습해야 합니다. 그래야 정신이 상쾌해지고 잠자리가 편안해져서 건강한 하루하루를 살 수 있습니다.

옛사람의 양생법, 즉 장수의 비결이란 별것 없습니다. '음식은 담백하게, 정신은 맑게'입니다. 어려운 일은 아니지만 쉽게 잊고 말지요. 병에 걸리지 않고 건강하게 오래 살고 싶다면 지금부터라도 실천해봅시다. 음식은 담백하게, 정신은 맑게!

食淡精神爽이요,
식 담 정 신 상

心淸夢寐安이니라.
심 청 몽 매 안

食淡精神爽
心淸夢寐安

16

팔랑귀와 뒷담화

衆惡之 라도 必察焉 하며
중 오 지　　필 찰 언

衆好之 라도 必察焉 하라.
중 호 지　　필 찰 언

많은 사람이 미워하더라도 반드시 살펴야 하며,
많은 사람이 좋아하더라도 반드시 살펴야 한다.

| 한자 알기 |　●惡 미워할 오 ●察 살필 찰 ●焉 어조사 언

　우리는 남의 말을 들으면 판단도 하기 전에 먼저 귀가 솔깃해집니다. 귀가 얇아 남의 말에 잘 넘어가고 속는 사람을 '팔랑귀'라고 하는데, 실은 너 나 할 것 없이 대부분 팔랑귀입니다.

　아무래도 다른 사람에 대한 정보를 가장 쉽게 얻는 자리는 뒷담화장이겠지요. 앞에서 말하지 못하고 뒤에서 하는 말은 상상력이 더해져 순식간에 눈덩이처럼 불어납니다. 마치 어둡고 습한 곳에서 곰팡이가 자라나듯 말입니다. 하지만 사사로운 감정이 버무려져 만들어진 뒷담화가 무슨 의미가 있을까요?

아무리 많은 사람들이 칭찬하든 비난하든 자신이 직접 보고 느낀 후에 판단해야 합니다. 그래야 자신의 판단에 책임감도 생기는 법입니다. 특히 리더에게는 사람을 보는 안목이 중요하지요. 그런데 만일 리더가 뒷담화로 사람을 평가한다면 어떻겠습니까? 리더의 자격은 말할 것 없이 자동 상실입니다.

그러면 상대를 제대로 살펴보려면 어떻게 해야 할까요? 춘추전국 시대의 법가 사상가 한비자(韓非子)가 주장한 관청법(觀聽法)을 살펴봅시다. 말더듬이였던 한비자의 관청법은 글자 그대로 직접 보고(觀) 듣고(聽) 판단하는 것입니다. 객관적인 관찰을 통해 종합적으로 분석하는 방법입니다.

사람은 누구나 마음에 드는 말에는 귀가 솔깃해지고 싫은 말은 잘 들으려 하지 않습니다. 그러니 윗자리에 앉은 사람들은 아무리 다각도로 정보를 얻는다 해도 정보에 제한이 있거나 편향적일 수밖에 없습니다. 아랫사람이 전해주는 말로 정보를 다 얻었다고 생각하니 귀가 막혀 더 이상 들리지 않습니다. 판단력도 흐려지지요. 따라서 반드시 직접 눈으로 확인한 사실만 믿고 다각도로 정보를 들은 뒤 판단하는 것이 중요합니다. 그래야 윗사람 노릇을 제대로 할 수 있지 않을까요?

사실 윗사람만의 일은 아닙니다. 우리 같은 평범한 사람들에게도 해당되지요. 상대를 제대로 평가하기 위해서는 스스로의 노력이 필요합니다. 많은 지식을 습득해야 하고, 많은 경험을 통해 시야를 넓혀야 사람

보는 안목도 길러집니다. 이렇게 꾸준히 노력해야 군중 심리에 휘둘리지 않고 냉철한 이성을 발휘할 수 있습니다. 주관을 잃고 남에게 의지하는 팔랑귀로 살다가 잘못된 판단으로 크게 낭패를 당하고 나서 후회해봐야 만시지탄(晚時之歎)입니다.

 察(살필 찰)은 사당(宀) 안에 제사상(祭)을 차려놓고 제사가 시작되기 전에 빠진 것은 없는지 매의 눈으로 꼼꼼하게 살핀다는 뜻입니다.

이처럼 남들이 뭐라고 하든지 간에 본인이 직접 필찰(必察)하는 습관을 길러야 합니다. 스스로 모든 평가의 주체가 되어 매의 눈으로 직접 보고 듣고 종합적으로 판단해야 합니다. 주변 사람들의 잘못된 인물 평가에 귀 기울여 어리석은 판단을 내리는 우(愚)를 범하지 않도록 합시다.

衆惡之라도 必察焉하며
중 오 지　　필 찰 언

衆好之라도 必察焉하라.
중 호 지　　필 찰 언

衆惡之　必察焉

衆好之　必察焉

17

입안에 잔뜩 머금은 핏물

欲量他人^{인대} 先須自量^{하라.}
욕 량 타 인   선 수 자 량

傷人之語^는 還是自傷^{이니}
상 인 지 어   환 시 자 상

含血噴人^{이면} 先汚其口^{니라.}
함 혈 분 인   선 오 기 구

다른 사람을 헤아리고자 한다면
먼저 스스로를 헤아려보아라.
남을 해치는 말은 도리어 스스로를 해치는 것이니
피를 머금어 남에게 뿜으려면
먼저 자기의 입을 더럽혀야 한다.

| 한자 알기 | ●量 헤아릴 량 ●須 모름지기 수
●還 돌아올 환(여기서는 '도리어'로 해석) ●含 품을 함
●噴 뿜을 분 ●汚 더러울 오

사람의 마음은 다 같습니다. 내가 좋아하는 것은 남도 좋아하고, 내가 싫어하는 것은 남도 싫어합니다. 그래서 역지사지(易地思之), 즉 타인의 입장에서 생각하면 문제가 간단하게 해결됩니다. 그럼에도 잘되지 않는 것은 이성보다 감정이 앞서기 때문입니다. 이미 판단이 흐려지면서 입에서는 불평불만이 쏟아져 나옵니다. 그렇다면 남에게 상처를 주는 험한 말은 나에게 어떤 의미일까요?

왼편 글은 좀처럼 한문 고전 속에서 보기 어려울 정도로 노골적이고 직설적인 표현을 담고 있습니다. 그만큼 다른 사람의 기분을 상하게 하는 말은 자기의 인격을 더럽히는 것이라는 뜻입니다. 불교에서도 구업(口業), 즉 거짓말, 이간질, 악담, 요상한 말로 짓는 죄가 제일 무겁고 크다고 했습니다. 그래서 입을 맑고 깨끗하게 하기 위해 다양한 수양법이 나왔습니다. 말이라는 것은 한번 실수하면 바로 자신의 업보(業報)로 되돌아옵니다. 그 결과가 감당하기 어려운 쓰나미와 같다면, 생각만 해도 아찔하지요?

요즘은 입으로 하는 말뿐 아니라 방송, 신문, 인터넷 등 다양한 매체에서 자신의 생각을 표현하는 것이 일상화되었습니다. 특히 신세대들은 트위터, 카카오톡, 페이스북 등 온라인 공간에서 개인적인 의견을 자연스럽게 표현합니다. 그런데 개인적인 의견을 쏟아내는 곳이 사적인 장소가 아니라 공개된 장소임을 잊지 말아야 합니다. 특히 말보다 글은 더 깊게 흔적이 패여서 오래 지워지지 않을 수 있습니다. 자칫 그 후환이 쓰나미처럼 덮칠 수 있습니다.

상인지어(傷人之語), 즉 '남을 해치는 말'은 입에서 피를 머금고 뿜어

내는 짓으로 먼저 내 입을 더럽힌다고 했습니다. 이렇게 과격한 표현으로 말조심을 강조하는 것은 그만큼 쉽지 않다는 반증입니다.

　내 입을 더럽히면서까지 남에게 상처를 주고 싶은 사람은 없습니다. 가시 돋친 말로 남에게 상처를 주다 보면 삶은 점점 팍팍해지고 잿빛 세상이 됩니다. 힘들수록 따뜻한 말 한마디를 건네는 배려가 필요합니다. 그래서 서로가 행복해진다면, 그것이야말로 따뜻한 솜이불 속으로 들어가 달콤한 잠을 청하는 기분이 아닐까요?

欲量他人인대 先須自量하라.
욕 량 타 인 　 선 수 자 량

傷人之語는 還是自傷이니
상 인 지 어 　 환 시 자 상

含血噴人이면 先汚其口니라.
함 혈 분 인 　 선 오 기 구

欲量他人　先須自量
傷人之語　還是自傷
含血噴人　先汚其口

18

의심받을 짓을 피하라

瓜田不納履하고
과 전 불 납 리

李下不整冠이라.
이 하 부 정 관

오이밭에서 신발을 고쳐 신지 말고
자두나무 아래에서는 갓을 고쳐 쓰지 말라.

| 한자 알기 | ●瓜 오이 과 ●納 들일 납 ●履 신발 리
●不 아니, 말라 부 ●整 정돈할 정

우리 속담에 '까마귀 날자 배 떨어진다'가 있습니다. 한자어로는 오비이락(烏飛梨落)이라고 합니다. 까마귀가 배나무에 앉아 있다가 날아가는 순간 매달려 있던 배가 그만 뚝 하고 떨어졌지요. 그러자 배나무 주인은 까마귀가 건드려서 배가 떨어졌다고 오해한 겁니다. 까마귀의 입장에서는 참 억울하게 되었지요. 이렇게 우연히 벌어진 일로 자칫 의심을 받을 수 있으므로 애초부터 의심받을 짓을 하지 말라는 것입니다.

살다 보면 소소한 일들로 의심을 받게 되는 경우가 허다하고 때로는 괜한 의심으로 난처해지는 경우가 있습니다. 그럴 때마다 '오이밭에서 신발을 고쳐 신지 말라'는 문장이 생각납니다. 사실 이것은 중국에서 유래한 속담입니다. 제나라 위왕(威王) 때, 간신 주파호가 국정을 제멋대로 휘두르자 후궁인 우희(虞姬)가 위왕에게 다음과 같이 간했습니다.

"전하, 주파호를 내치시고 북곽(北郭) 선생과 같은 어진 선비를 등용하소서."

그러자 주파호가 우희와 북곽 선생은 서로 좋아하는 사이라고 모함했습니다. 위왕이 우희를 불러 묻자 이렇게 대답했습니다.

"전하, 만약 신첩에게 죄가 있다면 옛 말씀에 '오이밭에서 신발을 고쳐 신지 말고, 자두나무 아래에서는 갓을 고쳐 쓰지 말라'고 했듯이 남에게 의심받을 일을 피하지 못했다는 점과 변명해주는 사람 하나 없는 신첩의 부덕한 점이옵니다. 이제 신첩에게 죽음을 내리셔도 좋으나 주파호와 같은 간신만은 내쳐주시옵소서."

이 말은 들은 위왕은 주파호를 그 자리에서 삶아 죽였다고 합니다.

여기서 유래한 말이 과전불납리 이하부정관(瓜田不納履 李下不整冠)입니다. 이 말은 '오비이락'과 함께 지금까지도 우리 주변을 빙빙 돌고 있습니다. 인간관계가 복잡하게 얽히고설키면서 일어날 수 있는 오해와 의심을 단적으로 보여주는 말이지요. 요즘은 이 말을 '과전이하(瓜田李下)'로 줄여서 쓰고 있습니다. 현명한 사람은 의심받을 일이 생기지 않도록 미연에 방지해야 한다는 뜻입니다. 그런데 미연에 방지한다는 것이 현실적으로 그리 쉽지만은 않습니다. 정말 억울하게 오해를 받거나 심지어 죄를 덮어쓰고 감옥에서 오랜 시간을 보낸 사람의 이야기를 접할 때면 그저 망연자실해집니다. 매사에 현명하고 신중하게 잘 대처해서 막다른 곳까지 가지 않도록 노력하는 것이 최선입니다. 말로는 쉬운 듯하나 쉽지만은 않지요. 우리는 그저 조심 또 조심할 수밖에……. 마치 살얼음판을 걷듯이 말입니다.

瓜田不納履하고
과 전 불 납 리

李下不整冠이라.
이 하 부 정 관

瓜田不納履
李下不整冠

19

사이비 지성인이 되지 않으려면

耳不聞人之非하고
이 불 문 인 지 비

目不視人之短하며
목 불 시 인 지 단

口不言人之過라야
구 불 언 인 지 과

庶幾君子니라.
서 기 군 자

귀로는 남의 그릇됨을 듣지 않고
눈으로는 남의 단점을 보지 않으며
입으로는 남의 허물을 말하지 않아야
거의 군자에 가깝다.

| 한자 알기 | ●庶 거의 서 ●幾 거의 기(서기庶幾: 거의 ~에 가깝다)
●人 사람 인(여기서는 '남'의 뜻)

예로부터 자기의 잘못된 점을 먼저 살피고 남의 잘못은 너그럽게 이해하는 사람을 군자(君子)라고 불렀습니다. 군자는 날마다 잘못을 반성하느라 남의 허물을 볼 겨를이 없다고 합니다. 진정 도덕성이 뛰어나며 사람다운 사람이지요. 반대로 남의 잘못만을 보고 자신의 잘못은 잘 헤아리지 못하는 사람은 소인(小人)이라 불렀습니다. 화를 잘 참지 못하고 세상을 이익과 손해의 관점으로만 보는, 무식하고 천박한 사람의 대명사지요. 그렇다면 군자가 되기 위한 수칙은 무엇일까요?

첫째, 남의 잘못이나 비난의 말을 들었을 때는 못 들은 것처럼 하라.

둘째, 남의 단점이나 허물을 보았을 때는 못 본 체하라.

셋째, 남의 허물이나 단점에 대해서는 입 밖에 내지 말라.

이 세 가지 수칙은 '남의 눈 속에 있는 티만 보지 말라'는 경계의 말을 담고 있습니다. 군자가 되고 싶다면 남의 잘못이나 허물을 들춰내어 곤경에 빠뜨리는 짓은 하지 말아야 합니다. 적어도 남의 마음을 헤아릴 줄 알고 따스한 마음으로 품을 줄 아는 배려 깊은 사람이 되어야 군자에 가까워질 수 있습니다. '거의 군자에 가깝다(庶幾君子)'고 한 것은 이 정도 실천으로는 군자라는 소리를 듣기에 부족하기 때문입니다. 여기에 정신을 수양하고 인격을 더 쌓아야 군자의 경지에 오르게 되지요. 군자가 되는 것은 그리 호락호락하지 않습니다.

지금은 군자를 지성인(知性人)이라고 부릅니다. 지성인은 지식인(知識人)과는 다릅니다. 지식인은 전문적인 지식(知識)을 많이 알고 있는 사람이며, 지성인은 지식과 함께 지성(知性)을 갖추고 사람들을 도덕적으로 바람직한 방향으로 인도하는 훌륭한 인격체를 말합니다. 사회적 약

자를 옹호하고 불합리한 권위에 적극적으로 행동하며 도전하는 사람입니다. 그런데 일부 지식인은 스스로 지성인인 양 착각하거나 얕은 지식으로 상대를 공격하고 우쭐거리며 이해득실을 따지고 사리사욕의 욕망을 드러내기도 합니다. 그런 사람은 지성인은커녕 멍들고 썩은 지식인입니다.

요즘에는 이런 지식인과 지성인이 뒤엉켜 진위를 구분하기 어려운 지경에 이르렀습니다. 공자는 진짜인 듯 진짜 아닌 사람을 가리켜 '사이비(似而非)'라고 불렀습니다. 그리고 그런 사람에 대한 노골적인 반감을 드러내기도 했습니다. "나는 사이비한 것을 미워한다." 〔孔子曰 惡似而非者(공자왈 오사이비자).〕 또한 "사이비란, 외모는 그럴듯하지만 겉과 속이 전혀 다르며, 선량해 보이지만 질이 좋지 못하다"고도 했습니다. 맹자는 사이비를 가리켜 '도덕을 해치는 도둑놈'이라고 표현했지요. 진정한 지성인, 즉 군자가 되기 위한 길은 멀고도 험합니다.

耳不聞人之非하고
이 불 문 인 지 비

目不視人之短하며
목 불 시 인 지 단

口不言人之過라야
구 불 언 인 지 과

庶幾君子니라.
서 기 군 자

耳不聞人之非
目不視人之短
口不言人之過
庶幾君子

20

매서운 질책이 필요할 때

宰予晝寢이어늘
재 여 주 침

子曰 朽木은 不可雕也요,
자 왈 후 목 불 가 조 야

糞土之墻은 不可杇也니라.
분 토 지 장 불 가 오 야

재여가 낮잠을 자고 있자 공자가 말씀하셨다.
"썩은 나무는 조각하지 못하고,
썩은 흙으로 만든 담은 흙손질을 못한다."

| 한자 알기 | ●朽 썩을 후 ●雕 새길 조 ●糞 똥 분(분토糞土: 썩은 흙)
●墻 담 장 ●杇 흙손질할 오(朽와 같은 한자)

'게으름뱅이는 시간을 낭비하는 것이 아니라 자기 인생을 낭비하는

것이다'라는 명언이 있습니다. 그런데도 가끔은 게을러지고 싶을 때가

있지요. 몸과 마음이 너무 지쳐 있을 때 잠깐의 게으름은 또 다른 휴식입니다. 그러나 평소 생활 자체가 게으른 것과는 구별해야 합니다. 이는 자신만이 확인할 수 있지요. 공자의 제자인 재여(宰予) 역시 평소에 자주 게으름을 피워 공자가 못마땅해했는데, 결국 이런 말을 들은 것입니다.

수업 시간에 배우기 위해 몰두하는 학생을 보고 있으면 기특한 마음이 듭니다. 배움에 대한 열정을 보고 있노라면 입가에 절로 미소가 지어집니다. 이렇게 학업에 열중하는 학생에게는 뭐라도 하나 더 가르치고 싶은 마음이 생깁니다.

반면 책상에 엎어져서 잠을 자거나 의욕이 없는 학생도 있습니다. 가끔 몸과 마음이 피곤할 때 그럴 수 있지요. 누구나 한 번쯤 경험해봤을 겁니다. 그런데 매일, 매시간 잠을 자거나 무기력하게 누워 있는 학생들이 있습니다. 가르치는 사람의 입장에서는 맥이 쭉 빠지는 일입니다. 그래도 수업을 위해 마음먹고 깨우면 아무런 희망 없는 표정을 지으며 불만스럽게 쳐다봅니다. 아무리 머리가 좋은 영재일지라도 의지가 약하고 게으르면, 답이 없습니다. 반대로 머리가 좋지 않아도 열정이 있다면 얼마든지 성공할 수 있습니다.

공자의 제자 재여는 공문십철(孔門十哲)의 한 사람으로 언변에 뛰어나기로 유명합니다. 그러나 뛰어난 말솜씨에 비해 인격 수양과 학업에는 게을러서 공자로부터 여러 번 질책을 받기도 했습니다.《논어》의 원문을 읽어보면 이 뒤에 생략된 공자의 말씀은 이러합니다.

"말과 행동이 일치하지 않는 것을 재여를 통해서 알게 되었고, 이제 남을 대할 때 그 말만 믿는 것이 아니라 그 행동까지도 살피게 되었다.

재여로 인해 내가 이렇게 사람 대하는 태도를 고치게 되었다."

이 정도면 공자가 재여에게 많이 실망했음을 알 수 있습니다. 훗날 재여는 산동성 임치의 대부가 되었는데 그만 반란을 일으켰다가 일족이 몰살을 당했습니다. 공자는 재여에게 앞으로 이런 사태가 일어날지 미리 예견하고 걱정스러운 마음에 꾸짖었던 것은 아닐까요?

공자가 또 다른 제자 염구(冉求)의 게으름을 꾸짖는 내용도 유명합니다. 어느 날 염구가 말했습니다.

"선생님, 저는 선생님께서 말씀하신 도리(道理)를 좋아하지 않는 것은 아닙니다만, 그것을 실천할 능력이 부족합니다."〔非不說子之道 力不足也 (비불열자지도 역부족야).〕

그러자 공자가 말했습니다.

"힘이 모자라는 사람은 중간에 그만두는데, 너는 처음부터 아예 선을 긋는구나."〔力不足者中道而廢 今女劃(역부족자중도이폐 금여획).〕

게으른 제자나 시도해보지도 않고 지레 짐작으로 역부족(力不足)이라 선을 그어버리는 제자나 공자는 모두 못마땅하고 걱정도 되었을 겁니다. 이럴 때는 매서운 질책이 필요합니다. 썩은 나무로는 아무것도 만들 수 없기 때문입니다.

宰予晝寢이어늘
재 여 주 침

子曰 朽木은 不可雕也요,
자 왈 후 목 불 가 조 야

糞土之墙은 不可圬也니라.
분 토 지 장 불 가 오 야

宰予 晝寢

子曰 朽木 不可雕也

糞土之墙 不可圬也

子 曰 爲 善 者 天 報 之 以 福 爲 不
善 如 渴 聞 惡 如 聾 又 曰 善 事 須
廣 施 人 生 何 處 不 相 逢 讐 怨 莫
於 我 善 者 我 亦 善 之 於 我 惡 者
於 我 無 惡 哉 ● 種 瓜 得 瓜 種 豆
曰 死 生 有 命 富 貴 在 天 ● 太 公
子 何 孝 焉 ● 性 理 書 云 見 人 之
之 惡 而 尋 其 之 惡 如 此 方 是 有
孝 夫 無 煩 惱 是 妻 賢 言 多 語 失
爲 錢 ● 自 信 者 人 亦 信 之 吳 越
疑 之 身 外 皆 敵 國 花 落 花 開 開
必 常 富 貴 貧 家 未 必 長 寂 寞 扶
凡 事 莫 怨 天 天 意 於 人 無 厚 薄
轉 如 車 去 年 妄 取 東 隣 物 今 日
來 田 地 水 推 沙 若 將 狡 譎 爲 生
欲 知 其 君 先 視 其 臣 欲 識 其 人
蘇 東 坡 曰 無 故 而 得 千 金 不 有
甘 露 醉 後 添 盃 不 如 無 ● 酒 不

제6편

안분(安分)

見義曰能子孝人子只亦未君眼雪曰●如迷

曰恩子人●不見因疏人家勸天潑良其滴自

公曰莊惡漏既善心親者豪堅知湯王視一人

太錄●無不身之憂斷疑着邱誰財●先時人

●行避人而之換塡蛇錢花父渴迷

禍景回於疏孝更必似義落其●不

以●難既恢亦衣推毒無募知禍色

之樂處我恢子布青心家雲欲大醉

報莫狹之網親其不義自衣上人舍朝友有自

天事逢善天於尋父酒弟錦必歎北似其必人

者惡路亦豆孝而●因兄落未堪歸恰視福人

善貪結我得曰善益者者又人●還汁七大卒

21

만족을 모르면 근심이 생긴다

知足者는 貧賤亦樂이요,
지 족 자　빈 천 역 락

不知足者는 富貴亦憂니라.
부 지 족 자　부 귀 역 우

만족할 줄 아는 사람은 가난하고 천해도 즐겁고,
만족할 줄 모르는 사람은 부유하고 귀하여도 근심한다.

| 한자 알기 |　●賤 천할 천　●亦 또한 역　●憂 근심 우

　　요즘 우리들의 화두는 불행하게도 누가 돈을 얼마나 소유하고 있느냐
하는 것입니다. 그래서 어느 모임을 가도 결국 돈 이야기로 끝나는 경우
가 허다하지요. 돌이켜보면 왠지 낯부끄러운 생각이 듭니다. 오랫동안 동
양에서는 청빈(淸貧)한 생활을 인간이 지녀야 할 가장 중요한 덕목으로
여겼습니다. 그래서 자신의 고고한 정신을 온전히 잘 지키고자 물질을

멀리하고 정신 수양에 힘을 쏟았습니다. 이렇게 무절제한 물질적 욕망에서 벗어나 인간다운 삶을 실천하는 것을 일명 선비 정신이라고 합니다.

자기 분수를 지키며 물질에 만족할 줄 아는 사람은 무엇을 해도 즐겁고, 그렇지 않은 사람은 무엇을 해도 근심합니다. 그래서 부귀를 누리는 사람이라고 해서 모두 행복하다고 단정 지을 수는 없답니다. 99개를 가진 사람이 남은 한 개를 빼앗는다는 말도 있지 않습니까? 그가 가진 99개는 한 개만도 못한 존재인 겁니다. 그렇다고 그 한 개를 채우면 만족할까요? 아마 그렇지는 않을 겁니다. 만족의 기준은 자기 자신의 판단에 있는 것이지, 숫자에 있는 게 아니기 때문이지요.

편안한 마음으로 제 분수를 지키며 만족할 줄 안다는 안분지족(安分知足)의 생활은 생각보다 실천하기가 쉽지 않습니다. 만족의 기준이 다르기 때문이지요. 공자의 제자 안회(顔回)는 찢어지게 가난했지만 학문을 좋아했다고 합니다. 끼니 거르기를 밥 먹듯 했으며 평생 술지게미조차 배불리 먹어본 적이 없을 정도로 가난했습니다. 그럼에도 안빈낙도(安貧樂道)를 실천하는 안회를 공자는 이렇게 칭찬했습니다.

"어질다, 안회여. 한 소쿠리의 밥과 한 표주박의 물로 누추한 곳에 거처하며 산다면 다른 사람은 그 근심을 견디어내지 못하거늘 안회는 즐거움을 잃지 않는구나. 어질다! 안회여."〔賢哉回也 一簞食一瓢飲在陋巷 人不堪其憂 回也不改其樂 賢哉回也(현재회야 일단사일표음재누항 인불감기우 회야 부개기락 현재회야).〕

공자는 가난한 생활 속에서도 즐거움을 잃지 않는 안회를 두 번이나 "어질다" 하며 칭찬을 아끼지 않았습니다. 낮잠을 즐기다 혼이 난 재여와 비교되는 제자입니다. 욕심이란 끝없는데 그처럼 만족할 줄 알고 실천한다는 것은 정신세계가 이미 최고의 경지에 도달한 사람임이 분명합니다. 그러면 옛사람들은 貧(빈)과 富(부)의 의미를 어떻게 이해했을까요?

먼저 **富**(부유할 부)는 집(宀) 안에 술 단지(畐)가 가득한 겁니다. 밥 지어 먹기도 어려웠던 시절에 술을 담가 먹는다는 것은 부자임을 상징합니다. 福(복)에도 술 단지가 보이죠? 그래서 富者(부자)는 福(복)받은 사람입니다.

반면에 **貧**(가난할 빈)을 살펴봅시다. 나의 재물(貝)을 나보다 없는 사람에게 나누어(分)주니 가난(貧)해졌습니다. 그래서 가난은 불편하긴 해도 부끄러운 것이 아니지요.

청빈을 목숨처럼 지킨 옛 선비 정신까지는 아니어도 이제는 조금씩 덜어내는 연습을 해야겠습니다. 초가삼간에 살아도 마음이 편하면 나물국도 향기롭다고 합니다.

知足者는 貧賤亦樂이요,
지 족 자 빈 천 역 락

不知足者는 富貴亦憂니라.
부 지 족 자 부 귀 역 우

知足者 貧賤亦樂

不知足者 富貴亦憂

22

쓸데없는 생각과 행동을 줄이자

濫想은 徒傷神이며
남 상 도 상 신

妄動은 反致禍니라.
망 동 반 치 화

지나친 생각은 다만 정신을 상하게 하고,
분별없는 행동은 도리어 재앙을 부른다.

|한자 알기| ●濫 넘칠, 함부로 람 ●徒 다만 도 ●傷 상할 상
●妄 망령될 망 ●致 이를 치

살다 보면 분수에 넘치는 허황된 생각에 사로잡혀 눈살을 찌푸리는
행동을 하는 사람들을 흔히 볼 수 있지요. 생각해보면 우리도 순간적으
로 자제력을 잃고 뒤늦게 후회했던 때가 있습니다. 이럴 때일수록 정신
을 바짝 차리고 이성을 찾아야 중심이 흔들리지 않습니다.

남상(濫想)은 '쓸데없이 지나친 생각'이라는 뜻입니다. 자기 분수를 잊

고 허황된 생각으로 가득 찬 것이니 망상(妄想)과 가까운 뜻이겠습니다. 이런 생각은 결코 좋은 결과를 가져오지 못합니다. 망동(妄動)도 마찬가지입니다. 화를 부르면 불렀지, 결코 자신의 생활에 도움이 되지 못하지요. 그래서 처음 시작할 때 생각과 행동에서 분수를 지켜야 손해를 보지 않고 남에게 비난받지 않습니다. 고사성어로 술잔에 겨우 넘칠 정도의 작은 물이라는 뜻을 지닌 남상의 유래를 살펴볼까요?

어느 날 공자 앞에 자로(子路)가 화려한 옷을 입고 나타나자 공자가 말했습니다.

"자로야, 양자강(揚子江)의 근원은 겨우 술잔에 넘칠 정도의 적은 물이지만, 하류로 내려오면 그 수량이 엄청나고 흐름도 빨라서 배를 타지 않고는 강을 건널 수 없고, 바람 부는 날에는 배조차 띄울 수 없다. 그 이유는 다 물의 양이 점점 많아졌기 때문이니라."

이 말을 들은 자로는 옷을 갈아입었다고 합니다. 여기에서 유래한 남상은 일의 시초, 기원, 효시와 같은 뜻입니다. 공자는 사치(奢侈)란 처음에는 작은 데서 시작되지만 시간이 가면서 멈추기 어려운 지경에 이른다고 충고한 것입니다.

濫(넘칠 람)은 대야 속 물에 비친 얼굴을 보고 있는 監(볼 감) 앞에 넘치는 물(氵)을 넣어, 대야에 흘러넘치는 물에서 '넘치다, 함부로, 마구'라는 뜻이 나왔습니다. 세수하려고 물을 틀었다가 그만 세면대에 물이 넘치면 바로 뒤에서 "물 넘친다!"는 고함소리와 함께 잔소리 폭풍이 시작됩니다. 그

래서 남용(濫用), 남발(濫發), 남획(濫獲), 범람(汎濫) 등 濫(람)이 들어간 한자어는 좋은 뜻이 없지요.

奢侈(사치)는 어떻게 만들어졌을까요? 작은 것보다 큰(大) 것을 탐내는 사람(者), 그리고 적은 것보다 많은(多) 것을 탐내는 사람(亻)을 말합니다. 크고 많은 것만을 좇다 보면 사치의 나락으로 떨어지는 건 시간문제입니다.

사치(奢侈)라는 말에서 이미 절제와 자제력이 보이지 않습니다. 사치는 남상이나 망동과 함께 정신을 갉아먹는 해충입니다. 옷에 좀이 스는 것만 걱정하지 말고 정신에 좀이 슬지 않도록 해야겠습니다.

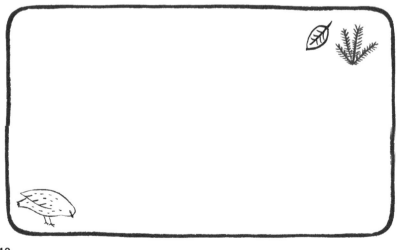

濫想은 徒傷神이며
남 상　도 상 신

妄動은 反致禍니라.
망 동　반 치 화

濫想　徒傷神
妄動　反致禍

子曰爲善者天報之以福爲不
善如渴聞惡如聲又曰善事須
廣施人生何處不相逢讐怨莫
於我善者我亦善之於我惡者
於我無惡哉● 種瓜得瓜種豆
曰死生有命富貴在天● 太公
子何孝焉● 性理書云見人之
之惡而尋其之惡如此方是有
孝夫無煩惱是妻賢言多語失
爲錢● 自信者人亦信之吳越
疑之身外皆敵國花落花開朋
必常富貴貧家未必長寂寞
凡事莫怨天天意於人無厚薄
轉如車去年妄取東隣物今日
來田地水推沙若將狡譎爲生
欲知其君先視其臣欲識其人
蘇東坡曰無故而得千金不有
甘露醉後添盃不如無● 酒

善 者 天 報 之 以 禍 ● 太 公 曰 見

貪 惡 事 莫 樂 ● 景 行 錄 曰 恩 義

結 路 逢 狹 處 難 回 避 ● 莊 子 曰

我 亦 善 之 我 既 於 人 無 惡 人 能

得 豆 天 網 恢 恢 疎 而 不 漏 ● 子

曰 孝 於 親 子 亦 孝 之 身 既 不 孝

善 而 尋 其 　　　　 之 善 見 人

益 ● 父 不 　　　　 憂 心 因 子

皆 因 酒 義 　　　　 斷 親 疎 只

皆 兄 弟 自 　　　　 疑 者 人 亦

又 落 錦 衣 布 衣 更 換 着 豪 家 未

人 未 必 上 靑 推 必 塡 邱 壑 勸 君

● 堪 歎 人 心 毒 似 蛇 誰 知 天 眼

還 歸 北 舍 家 無 義 錢 財 湯 潑 雪

計 恰 似 朝 雲 募 落 花 ● 王 良 曰

先 視 其 友 欲 知 其 父 先 視 其 ●

大 福 必 有 大 禍 ● 渴 時 一 滴 如

醉 人 人 自 醉 色 不 迷 人 人 自 迷

23

가장 무서운 적은 바로 나 자신

人雖至愚나 責人則明하고
인 수 지 우 책 인 즉 명

雖有聰明이나 恕己則昏이니
수 유 총 명 서 기 즉 혼

爾曹는 但當以責人之心으로 責己하고,
이 조 단 당 이 책 인 지 심 책 기

恕己之心으로 恕人하라.
서 기 지 심 서 인

사람은 비록 어리석어도 남을 꾸짖는 데는 밝고
비록 총명해도 자기를 용서하는 데는 어둡다.
너희들은 마땅히 남을 꾸짖는 마음으로 자신을 꾸짖고,
자기를 용서하는 마음으로 남을 용서해야 한다.

| 한자 알기 | ●至 지극히 지 ●人 남, 타인 ●恕 용서할 서
●昏 어두울 혼 ●爾 너 이 ●曹 무리 조 ●責 꾸짖을 책(책망責望)

자기가 하면 합법, 남이 하면 불법이라는 말이 있습니다. 그래서일까요? 남의 잘못은 현미경으로 들여다본 듯 너무나도 잘 보여서 충고를 서슴지 않습니다. 그런데 정작 자신의 허물은 입가에 붙은 밥풀처럼 잘 보지 못합니다. 아니, 일부러 보려고 하지 않는지도 모르겠습니다.

우리가 누군가를 평가할 때 "저 사람은 어리석어"라는 식으로 말합니다. 어리석다는 것이 무엇인지 한자를 찾아보니 愚(어리석을 우)가 있네요. 禺(원숭이 우)와 心(마음 심)이 결합되어 만들어졌습니다. 원숭이 같은 마음이라, 조삼모사(朝三暮四)가 생각나지요? 세 개와 네 개, 네 개와 세 개는 합이 같다는 사실을 몰랐던 원숭이 말입니다. 그래서 원숭이는 바보 같고 어리석은 이의 대명사가 되었지요. 이렇게 원숭이 같은 사람도 남의 단점은 잘 찾아낸답니다.

 恕(용서할 서)를 보면 나의 마음(心)과 같이(如) 생각한다는 뜻입니다. 역지사지(易地思之)란 말과 통하지요.

총명하다고 자부하는 사람 중에도 자신의 잘못을 객관적으로 살펴 이성적으로 판단하는 데는 어두운 사람이 있습니다. 자신에게는 관대한 것이지요. 사실 그는 알고 보면 총명하지 못한 사람입니다. 서기즉혼(恕

己則昏), 즉 "자기를 용서하는 데는 어둡다"라는 뜻에서 '어둡다(昏)'는 말은 '판단력이 흐리다'는 뜻입니다.

서기지심 서인(恕己之心 恕人). 자기의 잘못은 두루뭉술하게 용서하고 넘어가듯 '남을 용서하는 마음'(恕人)을 가져야 한다는 말입니다. 그러면 용서의 정의를 정확하게 내린 공자의 말씀을 살펴볼까요?

자공(子貢)이 공자에게 물었습니다.

"한마디 말로 평생토록 실천할 만한 것이 있습니까?"

그러자 공자가 말했습니다.

"그것은 바로 서(恕)다! 내가 하기 싫은 것은 남에게 시키지 않는 것이다."〔其恕乎! 己所不欲 勿施於人 (기서호! 기소불욕 물시어인).〕

내 눈의 티를 보지 못하듯 남의 허물도 적당히 용서해준다면 적어도 어리석다는 소리는 듣지 않을 겁니다. 단순히 관용을 베풀어 꾸짖지 않는 것을 용서로 알고 있었는데, 내가 하기 싫은 것은 남에게 시키지 않는 것을 용서라고 말한 공자의 말을 다시 음미해봐야겠습니다.

人雖至愚나 責人則明하고
인 수 지 우 책 인 즉 명

雖有聰明이나 恕己則昏이니
수 유 총 명 서 기 즉 혼

爾曹는 但當以責人之心으로 責己하고
이 조 단 당 이 책 인 지 심 책 기

恕己之心으로 恕人하라.
서 기 지 심 서 인

人雖至愚 責人則明
雖有聰明 恕己則昏
爾曹 但當以責人之心 責己
恕己之心 恕人

24

때를 놓치면 후회하는 여섯 가지

官行私曲 失時悔요,
관 행 사 곡 실 시 회

富不儉用 貧時悔요,
부 불 검 용 빈 시 회

藝不少學 過時悔요,
예 불 소 학 과 시 회

見事不學 用時悔요,
견 사 불 학 용 시 회

醉後狂言 醒時悔요,
취 후 광 언 성 시 회

安不將息 病時悔니라.
안 부 장 식 병 시 회

벼슬아치가 나쁜 짓을 저지르면 벼슬을 잃을 때 후회하고,
부유할 때 아껴 쓰지 않으면 가난해졌을 때 후회하고,
재주를 믿고 어릴 때 배우지 않으면 시기가 지났을 때 후회하고,
일을 보고 배우지 않으면 필요할 때 후회하고,

술 취한 뒤에 함부로 말하면 술이 깨었을 때 후회하고,
몸이 건강할 때 쉬지 않으면 병들었을 때 후회한다.

|한자 알기| ●官 벼슬 관 ●私 개인 사 ●曲 굽을 곡
●悔 뉘우칠 회 ●藝 재주 예 ●少 어릴 소 ●醉 취할 취
●狂 미칠 광 ●醒 깰 성 ●息 쉴 식

'혹시 나 때문에 친구가 화가 나지 않았을까?' 어렸을 적 우리는 잠자리에 들어 그날의 사소한 행동을 후회하며 잠을 이루지 못하기도 했습니다. 지금 생각해보니 참 순진했던 시절이었다는 생각이 듭니다. 그 시절에는 나 때문에 화가 났을 친구를 생각하며 후회했는데, 세월이 흘러 조금씩 무뎌지더니 이제는 후회를 자존심과 동일시하면서 내 고집과 자존심만 내세우게 되었습니다. 왼편의 글은 인생을 살면서 때를 놓치면 후회하게 되는 여섯 가지입니다. 여섯 가지 중 자신은 몇 가지에 해당되는지 확인해봅시다.

만시지탄(晚時之歎)이라 했던가요? 시기를 놓쳐 다 끝나고 나서 후회해봐야 아무 소용 없습니다. 이미 엎질러진 물이지요. 이 사실을 모르는 것은 아니지만 저마다 가지고 있는 게으름이 문제지요. 1,000여 년 전에 나온 이 문장이 지금도 유용한 이유는 아마도 모든 사람의 공통적인 문제이기 때문일 겁니다.

좀 더 자세히 살펴볼까요? 예나 지금이나 벼슬아치의 부정과 비리는

더러운 이름으로 남습니다. 절대 지워지지 않지요. 벼슬하지 않는 평범한 우리들이야 해당되지 않지만 말입니다. 높은 자리에 있는 사람들은 훗날 자신의 이름이 어떻게 남을지 생각하고 행동해야 합니다. 선택은 둘 중 하나이지요. 꽃다운 이름이 후세까지 전해진다는 유방백세(流芳百世)와 더러운 이름이 만년까지 간다는 유취만년(遺臭萬年), 무엇을 선택해야 좋을까요? 적어도 자기의 이름 석 자를 더럽히는 것을 좋아할 사람은 없을 겁니다.

여섯 가지 경계의 말 중에 가장 와 닿는 것은 바로 여섯 번째, 건강할 때 건강을 지키라는 말입니다. 병이 나서 환자가 된 후에 후회해봐야 소용없다는 것을 모르는 사람은 없습니다. 그런데 다양한 이유로 건강을 방치하지요. 그러다 병원 문을 들락거리게 되면 그때서야 '아차, 왜 그랬을까' 하는 후회가 밀려옵니다.

病(병들 병)은 병상에 누운 환자를 그린 疒(병들 녁) 안에 丙(셋째 병)이 들어가 있는 모양입니다. 그렇다면 환자는 갑(甲)도 아닌, 을(乙)도 아닌 병(丙)이란 말이군요. 그래서 아프면 서러운가 봅니다. 식물에 물을 주듯 내 몸에도 휴식(休息)을 줍시다. 건강을 잃으면 통장 속 돈도 함께 빠져나간다는 사실을 잊지 마세요.

官行私曲 失時悔요,
관 행 사 곡 실 시 회

富不儉用 貧時悔요,
부 불 검 용 빈 시 회

藝不少學 過時悔요,
예 불 소 학 과 시 회

見事不學 用時悔요,
견 사 불 학 용 시 회

醉後狂言 醒時悔요,
취 후 광 언 성 시 회

安不將息 病時悔니라.
안 부 장 식 병 시 회

官行私曲 失時悔

富不儉用 貧時悔

藝不少學 過時悔

見事不學 用時悔

醉後狂言 醒時悔

安不將息 病時悔

25

차라리 부족한 것이 낫다

寧無事而家貧이언정
_{영 무 사 이 가 빈}

莫有事而家富요,
_{막 유 사 이 가 부}

寧無事而住茅屋이언정
_{영 무 사 이 주 모 옥}

不有事而住金屋이요,
_{불 유 사 이 주 금 옥}

寧無病而食麤飯이언정
_{영 무 병 이 식 추 반}

不有病而服良藥이니라.
_{불 유 병 이 복 양 약}

차라리 아무 사고 없이 집이 가난할지언정
사고가 있으면서 집안이 부유하지 말라.
차라리 아무 사고 없이 초가집에서 살지언정
사고가 있으면서 좋은 집에서 살지 말라.

차라리 병이 없이 거친 밥을 먹을지언정
병에 걸리고 나서 좋은 약을 먹지 말라.

|한자 알기| ●寧 차라리 녕 ●寧 A 莫(不) B 차라리 A할지언정 B하지
말라 ●莫 말라 막 ●茅 띠 모 ●麤 성길, 거칠 추
●服 먹을 복(복용服用) ●良 좋을 량

　평소에 우리는 자신이 얼마나 행복한지 잘 모릅니다. 그러다 식구 중
에 누군가 아파서 수술대에 올라가는 날, 퇴근하다가 교통사고를 당하
는 날, 부모님이 편찮으시다는 연락을 받은 날 깨닫게 되지요. '아, 어제
까지 내가 행복했었구나.'

　날마다 만사형통(萬事亨通)으로 살면 그것이야말로 신선놀음이겠지
요? 그러나 이곳은 온갖 희로애락에 자신의 영혼을 맡기는 인간 세상입
니다. 욕망의 사다리를 타고 끝까지 올라가면 무엇이 보일까요? 아무것
도 보이지 않습니다. 텅 비어 있지요. 자, 그러니 이제 조금 덜어내는 연
습을 해볼까요? 최선이 아닌 차선에 만족할 줄 아는 삶을 찾아보도록
합시다.

　어찌 보면 조금 부족한 듯한 삶이야말로 몸과 마음을 가장 평온하게
만드는 지름길이지요. 왼편 글에서 말하는 사고(事故)는 양심에 어긋나
는 행동으로 얻은 결과물입니다. 이렇게 얻은 부귀영화(富貴榮華)는 훗
날 화근이 되어 자칫하면 부도 명예도 건강도 다 잃게 됩니다. 그렇다면

처음부터 내 것으로 만들지 않으면 되겠지요.

공자는 이렇게 말했습니다.

"부귀영화는 누구나 바라지만 정상적인 방법으로 얻은 것이 아니면 누려서는 안 되며, 가난과 천함은 누구나 싫어하지만 정상적인 방법으로 얻은 것이 아닐지라도 억지로 벗어나려 해서는 안 된다."〔富與貴, 是 人之所欲也; 不以其道得之, 不處也. 貧與賤, 是人之所惡也; 不以其道得之, 不去 也(부여귀, 시인지소욕야; 불이기도득지, 불처야. 빈여천, 시인지소오야; 불이기도득 지, 불거야).〕

억울한 사정으로 가난해지고 천하게 되었다고 할지라도 그 상황을 감수하라는 뜻입니다. 우리가 보기에는 참으로 납득하기 어려운 대목이지요. 그래도 공자는 이런 생활이 차라리 낫다고 생각한 겁니다. 부정한 방법으로 부귀한 자리에 오르면 언제 닥칠지 모르는 재앙의 위험을 끌어안고 살아야 한다는 것을 알고 있었기 때문이지요. 수단과 방법을 가리지 않고 차지한 부와 명예를 한 조각 휴지와 같이 생각한다면, 굳이 소유하고자 하는 욕망에 불타 에너지를 낭비할 필요가 없다는 말입니다.

寧無事而家貧이언정
영 무 사 이 가 빈

莫有事而家富요,
막 유 사 이 가 부

寧無事而住茅屋이언정
영 무 사 이 주 모 옥

不有事而住金屋이요,
불 유 사 이 주 금 옥

寧無病而食麤飯이언정
영 무 병 이 식 추 반

不有病而服良藥이니라.
불 유 병 이 복 양 약

寧無事而家貧

莫有事而家富

寧無事而住茅屋

不有事而住金屋

寧無病而食麤飯

不有病而服良藥

子曰爲善者天報之以福爲
善如渴聞惡如聾又曰善事
廣施人生何處不相逢讐怨
於我善者我亦善之於我惡
於我無惡哉●種瓜得瓜種
曰死生有命富貴在天●太
子何孝焉●性理書云見人
之惡而尋其之惡如此方是
孝夫無煩惱是妻賢言多語
爲錢●自信者人亦信之吳
疑之身外皆敵國花落花開
必常富貴貧家未必長寂寞
凡事莫怨天天意於人無厚
轉如車去年妄取東隣物今
來田地水推沙若將狡譎爲
欲知其君先視其臣欲識其
蘇東坡曰無故而得千金不
甘露醉後添盃不如無●酒

제8편 계성(戒性)

者 天 報 之 以 禍 ● 太 公 曰 見 義
惡 事 莫 樂 ● 景 行 錄 曰 恩 義 曰
路 逢 狹 處 難 回 避 ● 莊 子 人 能
亦 善 之 我 旣 於 人 無 惡 人 子
豆 天 網 恢 恢 疎 而 不 漏 ● 子
孝 於 親 子 亦 孝 之 身 旣 不 孝
而 尋 其 之 善 見 人
● 父 不 憂 心 因 子 只
因 酒 義 斷 親 疎 人 亦
兄 弟 自 疑 者 人 亦
落 錦 衣 布 衣 更 換 着 豪 家 未
未 必 上 青 推 必 塡 邱 堅 勸 君
堪 歎 人 心 毒 似 蛇 誰 知 天 眼
歸 北 舍 家 無 義 錢 財 湯 潑 雪
恰 似 朝 雲 募 落 花 ● 王 良 曰
視 其 友 欲 知 其 父 先 視 其 ●
福 必 有 大 禍 ● 渴 時 一 滴 如
人 人 自 醉 色 不 迷 人 人 自 迷

26

개미구멍이 둑을 무너뜨린다

人性이如水하여 水一傾則不可復이요,
인 성 여 수 　 수 일 경 즉 불 가 복

性一縱則不可反이니
성 일 종 즉 불 가 반

制水者는必以堤防하고,
제 수 자 　 필 이 제 방

制性者는必以禮法이니라.
제 성 자 　 필 이 예 법

사람의 성품은 물과 같아서
물이 한번 기울어지면 회복할 수 없고,
성품이 한번 풀어지면 돌이킬 수 없다.
물을 제어하려면 반드시 둑을 쌓아야 하고,
성품을 제어하려면 반드시 예법으로 해야 한다.

| 한자 알기 | ●傾 기울 경 ●則 곧 즉(~하면) ●不可(불가) ~할 수 없다
●復 회복할 복 ●縱 방종할 종 ●制 잡을 제(통제統制) ●堤 둑 제(제방堤防)

흔히 인간의 본성을 이야기할 때 맹자의 성선설이 회자되곤 합니다. 인간은 착한 마음씨를 지니고 태어났다고 믿고 싶은 겁니다. 그리고 자신은 착한 본성을 잃지 않고 있다고 굳게 믿으며 살아가지요. 세상 모든 사람들이 자신은 나쁜 짓을 해도 남들과 다르다고 생각합니다. 하지만 정말 그럴까요? 진정 선한 눈과 마음으로 세상을 바라보며 남을 험담하지 않고 살고 있는 걸까요?

창업이수성난(創業易守成難), 즉 일을 시작하기는 쉬워도 지키기는 어렵다는 말이 있지요. 어느 순간에 슬그머니 나쁜 마음이 들어와 착한 본성이 밀려나서 못된 생각이 내 정신을 지배하고 있으니 참으로 '지킨다'는 것은 어렵습니다. 맹자도 이 점을 강조했지요.

그래서 맹자는 선한 본성을 잃지 않으려면 스승을 찾아가 측은지심(惻隱之心＝인仁: 불쌍한 사람을 측은하게 생각하는 마음), 수오지심(羞惡之心＝의義: 잘못했을 때 부끄러워할 줄 아는 마음), 사양지심(辭讓之心＝예禮: 남에게 양보하는 마음), 시비지심(是非之心＝지智, 옳고 그름을 판단하는 마음)의 끈을 놓지 않는 가르침을 받아야 한다고 주장했습니다. 이것을 유교에서는 4단(四端), 즉 사람의 본성에서 우러나는 네 가지 마음씨라고 합니다.

이렇게 맹자가 주장한 사랑(仁), 정의(義), 예의(禮), 지혜(智)를 지속적으로 교육시키는 곳이 학교입니다. 좋은 선생님 밑에서 좋은 친구를 사귀고 많은 추억을 쌓으며 착한 본성을 잃지 않도록 교육하는 곳이지요. 이렇게 배운 대로 욕심을 버리고 자신을 바르게 세우기 위해 문장을 곱씹으며 생각합니다. '이렇게 살아야 하는데, 이렇게 살아야지…….'

그런데 사람의 성품은 한번 엎질러지면 되돌리기가 참 어렵습니다.

엎질러지기 전에 본성을 잘 통제해야 하는데, 그 제동장치가 바로 예법(禮法)입니다. 생활 속에서 반드시 지켜야 할 예법으로 자기의 행동을 조절해야 합니다. 물론 쉬운 일은 아닙니다. 게다가 타고난 성품이 남달리 참을성이 부족하고 경솔하여 실수투성이라면 어떻게 해야 할까요?

조선 효종 때 학자 이상의는 성품이 경박하여 오래 앉아 있지 못하고 입만 열면 망발을 일삼아 부모가 자주 꾸짖었습니다. 그러던 어느 날 그는 작은 방울을 허리에 차고 다니면서 방울 소리가 울릴 때마다 행동을 조심했습니다. 방울을 늘 차고 다니면서 매일 소리를 줄이려고 노력했더니 중년이 되어서야 온전한 성품을 갖출 수 있게 되었다고 합니다.

그러니 서두르지 말고 천천히, 조금씩 고쳐가는 연습을 해보도록 합시다. 자신에게 맞는 처방을 찾아 꾸준히 실천하다 보면 언젠가는 고쳐지지 않을까요?

人性이 如水하여 水一傾則不可復이요,
인 성 여 수   수 일 경 즉 불 가 복

性一縱則不可反이니
성 일 종 즉 불 가 반

制水者는 必以堤防하고,
제 수 자 필 이 제 방

制性者는 必以禮法이니라.
제 성 자 필 이 예 법

人性 如水 水一傾則不可復

性一縱則不可反

制水者 必以堤防

制性者 必以禮法

27

참고 또 참아라

忍一時之忿이면 免百日之憂니라.
인 일 시 지 분   면 백 일 지 우

한때의 분함을 참으면 백날의 근심을 면할 수 있다.

| 한자 알기 | ●忿 분할 분 ●免 면할 면 ●憂 근심 우

得忍且忍이요, 得戒且戒하라.
득 인 차 인   득 계 차 계

不忍不戒면 小事成大니라.
불 인 불 계   소 사 성 대

참을 수 있으면 또 참고 경계할 수 있으면 또 경계하라.
참지 못하고 경계하지 않으면 작은 일이 크게 된다.

| 한자 알기 | ●得 얻을 득(여기서는 '~할 수 있다'의 뜻)
●且 또 차 ●戒 경계 계

우리 속담에 '참을 인(忍) 자 셋이면 살인을 면한다'는 말이 있습니다. 사실 참는다는 것은 엄청난 정신력을 필요로 합니다. 억울하고 분해서 "요즘 많이 힘드시죠?" 하고 위로하면 눈물이 후드득 떨어질 정도입니다. 그런데 나중에 생각해보면 좀 더 참지 못했던 것에 아쉬운 마음이 들곤 합니다. 그러려면 이성적으로 자신의 감정을 통제해야 합니다. 그래야 먼 훗날 "그땐 그랬지" 하고 씩 웃으며 여유 부리는 날이 찾아올 겁니다.

억울하고 분통이 터질 때 우리는 '분(忿)하다'는 생각을 지우지 못합니다. 심장(心)이 갈가리 찢어지는(分) 마음이라니, 그 고통이 고스란히 느껴집니다. 이렇게 분해서 참기 어려울지라도 이 고비를 잘 넘기며 참아야 합니다. 진정한 강자는 잘 참는 사람이니까요.

그렇다면 **忍**(참을 인) 자는 어떻게 만들어진 걸까요? 刀(칼날 인)과 心(마음 심)의 결합이네요. 날카로운 칼날로 심장을 콱 찌른다면? 상상만 해도 끔찍하지만 그 정도 고통까지 참을 수 있어야 한다는 뜻입니다. 아무리 분해도 이 정도 아픔까지 참아야 한다니, 결코 쉽지는 않겠네요.

요즘 사람들이 스트레스를 많이 받다 보니 '분노조절장애'라는 신조어가 생겼습니다. 작은 자극에도 쉽게 분노를 느끼고 난폭한 행동으로 폭발하는 증상입니다. 누구나 분노를 표출하기는 쉽고 참기는 어렵지요. 요즘 발생하는 사건 사고는 대부분 감정 조절을 실패한 데서 그 원인을 찾을 수 있습니다. 물론 사람인지라 감정이 있고 누구나 어디에서 건 분노할 수 있습니다. 그러나 그 분노를 어떻게 다스리느냐에 따라 인생의 방향키가 바뀔 수 있음을 다 지난 뒤에 알게 됩니다.

우선은 왜 자꾸 화가 나는 건지 생각해봐야 합니다. 분한 마음부터 풀어야 인내하려는 마음도 생깁니다. 뒤로 한 걸음 물러서서 자기 자신부터 뒤돌아봅시다. 분노의 화살을 상대방이 아닌 자기에게 겨누면 실마리가 풀릴지 모릅니다.

'분노할 때 자신의 감정을 억제하려면 다른 사람이 분노할 때 그것을 자세히 관찰해보라'는 명언이 있습니다. 현명한 사람이라면 타산지석(他山之石)의 지혜를 놓치지 말아야 합니다. '인내는 쓰고 열매는 달다'는 명언도 있네요. 진정한 분노는 올바른 대상에게, 올바른 시간에, 올바른 방법으로 표출하는 것입니다.

忍一時之忿이면 免百日之憂니라.
인 일 시 지 분   면 백 일 지 우

得忍且忍이요, 得戒且戒하라.
득 인 차 인   득 계 차 계

不忍不戒면 小事成大니라.
불 인 불 계   소 사 성 대

忍一時之忿 免百日之憂

得忍且忍 得戒且戒

不忍不戒 小事成大

28

용기 있는 자만이 고개를 숙인다

屈己者는 能處重하고
굴 기 자 능 처 중

好勝者는 必遇敵이니라.
호 승 자 필 우 적

자기를 굽히는 자는 중요한 지위에 앉을 수 있고
남을 이기기 좋아하는 자는 반드시 적을 만나게 된다.

| 한자 알기 | ●屈 굽힐 굴 ●己 자기 기 ●處 처할 처
●遇 만날 우 ●敵 적군 적

　살다 보면 참는 것도 힘들지만 굴복하는 것 역시 쉽지 않습니다. 용기
가 필요하기 때문입니다. 맹자는 수오지심(羞惡之心), 즉 자기의 옳지 못
함을 부끄러워하고 남의 옳지 못함을 미워하는 마음에서 의(義)를 실천
하는 실마리가 시작된다고 했습니다. 살다 보면 누구나 다 크고 작은 잘
못을 저지르지요. 그 잘못을 인정하고 대가를 치르는 것이 진정한 인간

의 용기입니다. 그런데 자존심을 세운다고 끝까지 잘못을 인정하지 않고 우기는 사람이 있습니다. 남을 이기려고만 하면 사방이 적으로 가득해진다는 사실을 모르는 겁니다.

자신을 굽힌다는 것은 지조(志操)를 꺾고 남의 힘 앞에 굴복하는 것이 아니라, 때에 따라 자신을 낮추고 남을 배려한다는 뜻입니다. 이런 사람은 순리와 절차에 따라 일을 처리하기 때문에 하는 일마다 제대로 되지 않을 까닭이 없지요. 반면 남 이기기에만 급급한 사람은 적이 많아져서 큰일을 하기 어렵습니다.

자존심을 죽이고 굴욕을 극복하여 크게 성공한 역사의 주인공들이 많습니다. 주(周)나라의 문왕(文王)은 하(夏)나라의 마지막 폭군 주왕(紂王)으로부터 자신의 큰아들을 삶아서 요리한 국을 받아 마셨고, 월왕(越王) 구천(勾踐)은 스스로 부하가 된 뒤 오왕(吳王) 부차(夫差)의 대변을 찍어 맛을 보기도 했습니다. 어떤 심정으로 이런 행동을 했을지 짐작조차 되지 않습니다. 이렇게 굴욕을 참으며 그들이 얻고자 한 것은 값으로 따질 수 없는 진정한 자존심입니다.

그러면 자신의 자존심을 죽이며 성공한 역사적 인물인 한(漢)나라의 무장 한신(韓信)의 일화를 살펴봅시다. 어렸을 적 한신은 너무 가난해서 남의 집에 얹혀살며 눈칫밥을 먹고 건달 생활을 했습니다. 그러던 어느 날 한신이 칼을 차고 다니는 것을 본 동네 불량배들이 시비를 걸며 말했습니다.

"너는 덩치는 크고 밤낮 허리에 칼을 차고 다니지만 사실은 겁쟁이가 아니냐? 사람을 죽일 용기가 있다면 그 칼로 나를 한번 찔러보아라. 그렇지 않으면 내가 너를 죽이겠다. 만약 죽음이 두렵거든 내 바짓가랑이 밑으로 지나가라."

이때 한신은 분을 참으며 그 불량배의 바짓가랑이 밑으로 기어 지나가서 목숨을 보존했다고 합니다.

바로 이 일화에서 '가랑이 밑을 기어가는 치욕을 참는다'는 뜻의 과하지욕(袴下之辱)이 유래했습니다. 만일 한신이 순간의 굴욕을 참지 못하고 불량배들과 싸웠더라면 후일을 기약하지 못하고 비참하게 삶을 마감했을지 모릅니다. 그리고 배수진(背水陣), 사면초가(四面楚歌), 다다익선(多多益善) 등의 고사를 남긴 화려한 역사의 주인공이 되지 못했을 겁니다.

우쭐대며 의기양양한 사람은 나중에 실패를 맛볼 확률이 높다고 합니다. 그러니 좌절과 역경 앞에서도 묵묵히 자신을 수양하며 때를 기다리도록 합시다. 살다 보면 지고도 이기고, 이기고도 지는 그런 승부가 얼마든지 있기 때문입니다.

屈己者는能處重하고
굴 기 자 능 처 중

好勝者는必遇敵이니라.
호 승 자 필 우 적

屈己者 能處重
好勝者 必遇敵

29

욕은 누워서 침 뱉기

惡人이 罵善人하거든
악 인 매 선 인

善人은 摠不對하라.
선 인 총 부 대

不對는 心淸閑이요,
부 대 심 청 한

罵者는 口熱沸니라.
매 자 구 열 비

正如人唾天하여 還從己身墜니라.
정 여 인 타 천 환 종 기 신 추

악한 사람이 착한 사람을 욕하면
착한 사람은 절대 대꾸하지 말라.
대꾸하지 않는 사람은 마음이 맑고 한가하나,
욕하는 사람은 입에 불이 붙는 것처럼 끓어오른다.
마치 사람이 하늘에 침을 뱉는 것 같아서
도로 자기 몸에 떨어진다.

| 한자 알기 | ●罵 욕할 매(매도罵倒: 심하게 욕하며 나무람) ●摠 모두 총
●淸閑(청한) 마음이 맑고 한가롭다 ●熱 뜨거울 열 ●沸 끓을 비
●正如(정여) 바로 ~와 같다 ●唾 침뱉을 타 ●還 도리어 환
●墜 떨어질 추(추락墜落: 높은 곳에서 떨어짐)

갈등이 증폭되고 폭발하는 순간, 대부분의 사람들은 이성을 잃고 입에서는 후회할 말들을 쏟아내기 일쑤입니다. 이럴 때 감정을 조절하지 않으면 후회로 끝나지 않고 망신살이 뻗칠 수 있습니다. 미국의 처세 전문가 데일 카네기의 《인간관계론》을 보면 "죽을 때까지 남의 원망을 듣고 싶은 사람은 남을 신랄하게 비판하는 짓을 일삼으면 된다"는 말이 있습니다. 왼편 문장이 바로 그와 일맥상통하는 말입니다.

그러면 罵(욕할 매)의 자원을 살펴볼까요? 도망가다가 그물(罒)에 걸려 끌려온 말(馬)을 향해 온갖 욕설을 퍼붓는 마부를 떠올려봅시다. 아마도 '매도(罵倒)'당하는 심정이 어떤 것인지 이해가 될 겁니다.

행실이나 성격적으로 문제가 있는 사람(악인惡人)과 싸움이 나서 말도 안 되게 매도당하면 참으로 억울하고 분합니다. 그렇다고 그와 말 상대하며 싸워봐야 도리어 내 인격만 깎아먹는 꼴이니 '누워서 침 뱉기'밖에 되지 않습니다. 사실 그 자리에서 욕먹는 사람의 심리는 복잡합니다. 그에 맞서 진흙탕에 나뒹굴며 싸우는 개처럼 한판 벌여야 할지, 귀를 막고

돌아서야 할지 망설여집니다. 상대방은 이미 이성을 잃고 있으니 그 순간 쏟아내는 말은 말이 아닙니다. 그러니 상대방과 똑같이 이성을 잃고 욕설을 퍼붓는다면 서로 다를 바 없겠지요.

실제로 욕을 하는 사람은 설득력도 없을 뿐 아니라 오히려 인격적으로 손해를 보게 됩니다. 괜히 대응해봐야 상대방과 똑같은 사람이 되고 맙니다. 그러니 참아야 합니다. 이 순간만큼은 '침묵이 금'입니다. 그저 귓전을 스쳐 가는 바람결 마이동풍(馬耳東風)으로 대하는 것이 나를 깨끗이 하는 비결임을 명심해야 합니다.

이 이야기와 비슷한 문장이 있습니다. '아약피인매 양롱부분설 … 총이번순설(我若被人罵 佯聾不分說 … 摠爾饒脣舌).' 풀이하면 '내가 만일 남에게 욕을 먹더라도 귀먹은 체하고 시비를 따지지 말라. … 너의 입술과 혀만 번거로울 뿐이다'라는 말입니다. 불을 끄지 않아도 타다가 저절로 꺼지듯 말싸움도 그렇습니다. 무대응이야말로 상책입니다.

惡人이 罵善人하거든
악 인 매 선 인

善人은 摠不對하라.
선 인 총 부 대

不對는 心淸閑이요,
부 대 심 청 한

罵者는 口熱沸니라.
매 자 구 열 비

正如人唾天하여 還從己身墜니라.
정 여 인 타 천   환 종 기 신 추

惡人　罵善人
善人　摠不對
不對　心淸閑
罵者　口熱沸
正如人唾天　還從己身墜

30

서로 주고받는 따뜻한 사랑

凡事에 留人情이면
범 사 유 인 정

後來에 好相見이니라.
후 래 호 상 견

모든 일에 따뜻한 정을 남겨두면
뒷날 좋은 얼굴로 만나게 된다.

|한자 알기| ●凡 무릇 범, 모든 범(범사凡事: 모든 일) ●留 머무를 류

우리는 살아가며 수많은 사람과 만났다 헤어지기를 반복합니다. 학창 시절, 군 생활, 직장 등 다양한 만남 속에 기간과 방법의 차이가 있을 뿐 반드시 이별의 슬픔이 있지요. 불교에서는 이를 '생자필멸 회자정리(生者必滅 會者定離)'라 했습니다. 살아 있는 것은 반드시 죽을 것이요, 만나면 반드시 헤어진다는 말입니다. 그렇다면 이렇게 만나고 헤어지는 삶

속에서 서로 주고받아야 할 것은 무엇일까요?

　그 답은 바로 사람과 사람 사이에 흐르는 정(情)입니다. 흔하디흔한 이 정에도 인정(人情), 온정(溫情), 유정(有情), 무정(無情), 다정(多情) 등 여러 색깔이 있습니다. 인정이란 인간의 본성에서 절로 우러나와 남을 배려하는 따사로운 마음이라는 뜻입니다. 그래서 우리나라 사람이 하는 질책 중에 "인정머리가 없다"는 말이 있습니다. 듣는 입장에서는 절대 가벼운 욕이 아닙니다. 내가 가지고 있는 온정을 조금 덜어주면 그 온정으로 세상이 따뜻해집니다. 성냥불을 그었을 때 순간 환해지면서 따뜻한 기운이 감도는 작은 온정으로도 세상의 차가운 얼음을 녹일 수 있습니다. 그래서 사람과 사람 사이를 맺어주는 온정의 손길은 다다익선입니다. 남을 따뜻하게 대하는 온정이야말로 인정의 최고봉입니다.

　그러면 **情(정 정)**에 대해 알아볼까요? 情(정 정)을 풀면 푸르고(靑) 깨끗한 마음(忄)이랍니다. 靑(푸를 청)에서 오는 느낌이 있지요? 참신하고, 깨끗하며, 젊고, 따뜻한 느낌을 가진 한자이지요. 정은 바로 이런 느낌을 품고 있어야 참다운 정입니다. 차갑고, 무서운 정은 정이 아니랍니다.

　그런데 주변 사람들에게 인정사정없이 막 대하는 사람도 있습니다. 이런 사람은 아주 중요한 것을 잊고 사는 사람입니다. 남들이 나의 마음에 상처를 주듯이 나 또한 남의 마음에 상처를 줄 수 있으며, 내가 남을 용서하지 않으면 남도 나를 용서하지 않는다는 사실을 말입니다.

사회는 사람과 사람이 더불어 살아가는 공간이면서 예측불허한 시간이 흐르는 공간입니다. 지금 헤어진 사람과 나중에 어디서 어떻게 다시 만날지는 아무도 모르지요. 오가는 정 속에 흐르는 따스함이 얼마나 소중한지 혼자 외따로 떨어진 뒤에 알게 됩니다. 무릎 밑으로 서늘한 물이 스며들 때, 그 차가움은 고독과 함께 뼛속까지 시리게 하지요. 그러니 훗날 우연히 만날 때 환하게 웃을 수 있도록 작은 인정을 베푸는 실천부터 시작해봅시다. 인정은 넘치면 넘칠수록 우리를 웃게 만드는 마법의 힘을 가진 감정입니다.

凡事에 留人情이면
범 사 유 인 정

後來에 好相見이니라.
후 래 호 상 견

凡事　留人情
後來　好相見

子 曰 爲 善 者 天 報 之 以 福 爲

善 如 渴 聞 惡 如 聲 又 曰 善 事

廣 施 人 生 何 處 不 相 逢 讐 怨

於 我 善 者 我 亦 善 之 於 我 惡

於 我 無 惡 哉 ● 種 瓜 得 瓜 種

曰 死 生 有 命 富 貴 在 天 ● 太

子 何 孝 焉 ● 性 理 書 云 見 人

之 惡 而 尋 其 之 惡 如 此 方 是

孝 夫 無 煩 惱 是 妻 賢 言 多 語

爲 錢 ● 自 信 者 人 亦 信 之 吳

疑 之 身 外 皆 敵 國 花 落 花 開

必 常 富 貴 貧 家 未 必 長 寂 寞

凡 事 莫 怨 天 天 意 於 人 無 厚

轉 如 車 去 年 妄 取 東 隣 物 今

來 田 地 水 推 沙 若 將 狡 譎 爲

欲 知 其 君 先 視 其 臣 欲 識 其

蘇 東 坡 曰 無 故 而 得 千 金 不

甘 露 醉 後 添 盃 不 如 無 ● 酒

제9편 근학(勤學)

善	者	天	報	之	以	禍	●	太	公	曰	見
貪	惡	事	莫	樂	●	景	行	錄	曰	恩	義
結	路	逢	狹	處	難	回	避	●	莊	子	曰
我	亦	善	之	我	既	於	人	無	惡	人	能
得	豆	天	網	恢	恢	疎	而	不	漏	●	子
曰	孝	於	親	子	亦	孝	之	身	既	不	孝
善	而	尋	其				之	善	見	人	
益	●	父	不				憂	心	因	子	
皆	因	酒	義				斷	親	疎	只	
皆	兄	弟	自				疑	者	人	亦	
又	落	錦	衣	布	衣	更	換	着	豪	家	未
人	未	必	上	青	推	必	塡	邱	壑	勸	君
●	堪	歎	人	心	毒	似	蛇	誰	知	天	眼
還	歸	北	舍	家	無	義	錢	財	湯	潑	雪
計	恰	似	朝	雲	募	落	花	●	王	良	曰
先	視	其	友	欲	知	其	父	先	視	其	●
大	福	必	有	大	禍	●	渴	時	一	滴	如
醉	人	人	自	醉	色	不	迷	人	人	自	●

31

길거리 돌멩이도
보석으로 만드는 배움

玉不琢이면 不成器하고
옥 불 탁   불 성 기

人不學이면 不知義니라.
인 불 학   부 지 의

옥은 다듬지 않으면 그릇이 되지 못하고,
사람은 배우지 않으면 의리를 알지 못한다.

| 한자 알기 | ●琢 다듬을 탁 ●器 그릇 기

길거리에 굴러다니는 돌멩이를 깎고 다듬으면 멋진 보석이 될 수 있듯, 사람도 열심히 배우면 진리를 터득하여 품격 있는 삶을 누릴 수 있다고 합니다. 위 문장은 바로 그런 뜻입니다. 아무리 귀한 보배일지라도 갈고 다듬지 않으면 찬란한 빛을 발할 수 없듯이, 사람도 배우지 않으면 도리를 알지 못하여 사람다운 사람이 될 수 없습니다.

가끔 수업 시간에 학생들이 질문합니다. "선생님, 공부는 왜 해야 하나요?" 이런 질문을 받을 때 여러 가지 사례를 들어 설명하지만, 원편의 문장으로 마무리하면 학생들 반응이 꽤 만족스럽습니다.

세공하지 않은 다이아몬드는 돌멩이에 지나지 않지요. 세공사가 절차탁마(切磋琢磨), 그러니까 옥이나 돌을 다듬는 '자르고, 갈고, 쪼고, 다듬는' 과정을 거쳐야 원하는 보석이 만들어집니다. 불필요한 부분은 잘라내고 연장으로 정교하게 갈고 쪼고 사포로 곱게 다듬은 뒤라야 보석이 비로소 영롱한 빛을 발하듯, 사람도 쉼 없는 훈련과 배움을 통해 사람다운 사람이 만들어집니다. 그러니 고통을 감수해야 하는 것은 당연합니다.

강태공(姜太公)이 말하길 "인생지학 여명명야행(人生不學 如冥冥夜行)", 즉 사람이 배우지 않으면 어두운 밤길을 가는 것과 같다고 했습니다. 배우지 않고 산다는 것은 불빛 하나 없는 컴컴한 바다를 두 손 불끈 쥐고 맨몸으로 건너는 격입니다. 망망한 바닷길에 어둠을 밝히는 등대가 없다고 생각해보세요. 말 그대로 눈앞이 캄캄할 겁니다.

대기만성(大器晩成), 귀한 그릇은 공들여 만드는 데는 많은 시간과 노력이 필요합니다. 사람도 마찬가지입니다. 사람으로 태어났다고 해서 다 사람대접을 받는 것이 아닙니다. 사람이 사람다운 행동을 해야 사람대접을 받습니다. "사람이라고 다 사람인가? 사람이 사람다워야 사람이다."〔人人人人人(인인인인인).〕

노력 없이는 아무런 지식도, 인격도 완성할 수 없습니다. 인간답기 위해 갈고닦아야 할 학문의 길은 멀고도 험하지요. 마라톤이라 생각하고 가다가 힘들면 잠깐 쉬고, 넘어지면 일어나면 됩니다. 사람이 사람답게 살기 위해서는 이렇게 끊임없이 배워야 합니다. 우리는 태어나면서 저절로 다 아는 '생이지지(生而知之)'가 아니라 배워서 알게 되는 '학이지지(學而知之)'입니다. 공자도 자신이 배워서 알게 된 사람이라고 했습니다. 그리고 가장 한심한 인간은 곤이불학(困而不學), 즉 모르면서 배우려 하지 않는 사람이라고 했습니다. 훌륭한 원석도 갈고닦지 않으면 보석이 될 수 없다는데, 혹시 자신이 곤이불학의 주인공은 아닌지 되돌아봅시다.

玉不琢이면 不成器하고
옥 불 탁 불 성 기

人不學이면 不知義니라.
인 불 학 부 지 의

玉不琢　不成器

人不學　不知義

32

가난이 배움을 막을 수 없다

家若貧이라도 不可因貧而廢學이요,
가 약 빈   불 가 인 빈 이 폐 학

家若富라도 不可恃富而怠學이니
가 약 부   불 가 시 부 이 태 학

貧若勤學이면 可以立身이요,
빈 약 근 학   가 이 입 신

富若勤學이면 名乃光榮이라.
부 약 근 학   명 내 광 영

만약 집이 가난하더라도
가난 때문에 배움을 포기해서는 안 되며,
만약 집이 부유하더라도
부유함을 믿고 배움을 게을리해서는 안 된다.
가난하더라도 부지런히 공부하면 입신출세할 수 있으며,
부유하면서 부지런히 공부하면 이름이 빛날 것이다.

　많은 사람들이 가난하다는 이유를 인생의 가장 큰 장애물로 생각합니다. 가난 때문에 먹고 싶은 것, 갖고 싶은 것, 가고 싶은 곳 등을 내 마음대로 할 수 없다고 착각하기 때문입니다. 게다가 하고 싶은 공부가 있어도 가난을 핑계로 일찌감치 포기해버리기 일쑤입니다. 하지만 정말로 가난이 배움을 막는 것일까요?

　어려운 환경에도 불구하고 열심히 공부해서 입신양명(立身揚名)한 사례는 이루 다 헤아릴 수 없을 정도로 많습니다. 그중에서 가장 많이 알려진 고사성어를 꼽으라면 단연 형설지공(螢雪之功)이 있지요. 여름에 등잔불의 기름이 떨어져서 개똥벌레를 모아 그 반딧불로 책을 읽었다는 차윤(車胤), 겨울에 눈 오는 날 밖에 나가 눈빛에 비추어 공부해서 성공한 손강(孫康)의 이야기에서 유래한 이 말은 힘들게 공부한다는 고학(苦學)을 의미합니다.

　이 외에도 들보에 머리를 끈으로 매달고 허벅지를 송곳으로 찌르며 잠을 쫓아 공부했다는 현두자고(懸頭刺股), 벽에 구멍을 내서 이웃집의 불빛에 비추어 책을 읽었다는 한나라 광형(匡衡)이 남긴 착벽투광(鑿壁偸光), 달 밝은 밤에 지붕 위로 올라가 달빛을 따라 책을 읽었다는 수월독서(隨月讀書) 등이 있습니다. 또한 한석봉은 어렸을 적에 개울가 바위와 감잎에 글씨 쓰는 연습을 했다고 전해집니다.

공자 역시 부유한 집에서 태어나 열심히 공부해서 훌륭한 인물이 되었던 게 아닐까 하겠지만 사실은 그 반대입니다. 공자의 아버지는 일흔에 무려 마흔 살 아래인 안 씨와 결혼도 하지 않고 공자를 낳았습니다. 그리고 공자는 세 살 때 아버지가 돌아가시고 열일곱 살에는 어머니가 돌아가셔서 일찍 소년 가장이 되었지요. 요즘으로 치면 열혈 아르바이트생이었습니다. 그 당시 가장 힘들다는 무덤 옆에서 시체 닦는 일도 했다고 합니다. 이런 극한 알바 생활이 공부를 해야겠다고 결심한 계기가 되었지요. 그래서 공자가 나중에 회고하기를 학문에 뜻을 두고 열심히 매진했다는 지우학(志于學)이 열다섯 살입니다. 칠흑과도 같은 어두운 삶을 배움이라는 빛으로 환하게 밝힌 일인자라 할 수 있겠습니다.

그렇다면 부유한 사람은 대충 공부해도 성공할 수 있을까요? 환경이 아무리 좋아도 노력하지 않으면 성공의 열쇠는 결코 가질 수 없습니다. 부유함을 믿고 대충 공부한 사람이 요행히 성공할 수 있었다 해도 과연 그것이 오래갈까요? 그러니 지금부터라도 수불석권(手不釋卷), 즉 손에서 책을 놓지 않고 열심히 공부해야 합니다. 그러다 보면 어느 날 손바닥에 '성공(成功)'이라는 글자가 선명하게 보일 겁니다.

家若貧이라도 不可因貧而廢學이요,
가 약 빈 　　 불 가 인 빈 이 폐 학

家若富라도 不可恃富而怠學이니
가 약 부 　　 불 가 시 부 이 태 학

貧若勤學이면 可以立身이요,
빈 약 근 학 　　 가 이 입 신

富若勤學이면 名乃光榮이라.
부 약 근 학 　　 명 내 광 영

家若貧　不可因貧而廢學

家若富　不可恃富而怠學

貧若勤學　可以立身

富若勤學　名乃光榮

子曰爲善者天報之以福爲

善如渴聞惡如聾又曰善事

廣施人生何處不相逢讐怨

於我善者我亦善之於我惡

於我無惡哉●種瓜得瓜種

曰死生有命富貴在天●太

子何孝焉●性理書云見人

之惡而尋其之惡如此方是

孝夫無煩惱是妻賢言多語

爲錢●自信者人亦信之吳

疑之身外皆敵國花落花開

必常富貴貧家未必長寂寞

凡事莫怨天天意於人無厚

轉如車去年妄取東隣物今

來田地水推沙若將狡譎爲

欲知其君先視其臣欲識其

蘇東坡曰無故而得千金不

甘露醉後添盃不如無●酒

제10편

훈자(訓子)

善 者 天 報 之 以 禍 ● 太 公 曰 見
貪 惡 事 莫 樂 ● 景 行 錄 曰 恩 義
恬 路 逢 狹 處 難 回 避 ● 莊 子 曰
我 亦 善 之 我 既 於 人 無 惡 人 能
得 豆 天 網 恢 恢 疎 而 不 漏 ● 子
曰 孝 於 親 子 亦 孝 之 身 既 不 孝
善 而 尋 其 　　　　　 之 善 見 人
益 ● 父 不 　　　　　 憂 心 因 子
皆 因 酒 義 　　　　　 斷 親 疎 只
皆 兄 弟 自 　　　　　 疑 者 人 亦
又 落 錦 衣 布 衣 更 換 着 豪 家 未
人 未 必 上 青 推 必 塡 邱 壑 勸 君
● 堪 歎 人 心 毒 似 蛇 誰 知 天 眼
還 歸 北 舍 家 無 義 錢 財 湯 潑 雪
十 恰 似 朝 雲 募 落 花 ● 王 良 曰
七 視 其 友 欲 知 其 父 先 視 其 ●
福 必 有 大 禍 ● 渴 時 一 滴 如
卒 人 人 自 醉 色 不 迷 人 人 自 迷

33

천금의 유산보다 재능을 길러주자

黃金滿籯은 不如敎子一經이요,
황 금 만 영 불 여 교 자 일 경

賜子千金은 不如敎子一藝니라.
사 자 천 금 불 여 교 자 일 예

황금이 상자에 가득한 것은
자식에게 경서를 가르치는 것만 못하고,
자식에게 천금을 물려주는 것은
기술을 가르치는 것만 못하다.

| 한자 알기 | ●滿 가득찰 만 ●籯 상자 영 ●A 不如(불여) B 'A는 B만 못하다' ●經 책 경(성경聖經, 불경佛經, 경서經書) ●賜 줄 사 ●藝 재주 예

　나의 분신인 자식에게 무엇을 남겨줘야 이 세상을 살아가는 데 조금이나마 도움이 될까요? 세상 모든 부모의 고민입니다. 자식이 스스로 어려운 난관을 극복하면서 이 험한 세상을 헤쳐나가는 데 의지가 되고 힘이 되는 것이 무엇인지 고민하는 이가 부모이기 때문입니다.

힘들게 모은 재산을 자식에게 물려주면 자식은 잠시나마 행복의 길을 걸을지 모릅니다. 그러나 그 행복이 영원하리라고 단언할 수는 없지요. 이렇게 과정이 생략된 결과물은 오히려 자식의 인생에 재앙이 될 수 있습니다. 그럼에도 불구하고 부모는 자식이 좀 더 편안한 생활을 하기 바라는 마음에 재물을 물려주고 싶어 합니다. 또한 이는 부모가 자식에게 해줄 수 있는 손쉬운 선물입니다.

그런데 부모의 바람대로 자식이 재물을 잘 사용하면 좋으련만 오히려 재물이 갈등과 실패의 원인이 되기 십상입니다. 눈물 젖은 밥을 먹어보지 않고 얻은 재물은 모래알처럼 손가락 사이로 술술 빠져나가기 때문입니다.

자식은 언젠가는 부모 품을 떠날 겁니다. 빈손으로 떠나보내려니 눈에 밟히지요? 자식이 소풍 갈 때 정성스레 싼 김밥을 챙겨주듯, 독립할 때도 뭔가를 챙겨주어야 마음이 편한 게 세상 부모입니다. 그러나 세상을 살다 보면 돈으로 해결되지 않는 일들이 너무나 많다는 사실 또한 부모는 잘 알고 있습니다.

옛사람 역시 자식의 손에 돈을 쥐어주기보다는 책을 읽히고 기술을 가르치라고 조언합니다. 책은 인생의 끝없는 갈등을 해소하고 인격을 닦기 위해 필요합니다. 기술은 의식주를 해결하기 위해 반드시 연마해야 합니다. 타고난 능력과 재능을 찾아내서 진로를 정해야 평생 의식주를 해결할 수 있지요. 부모가 주신 재물은 빼앗겨도 스스로 터득한 기술은 아무도 빼앗지 못합니다.

실패를 성공으로 바꿀 수 있는 책과 기술은 천금과 비교되지 않습니다. 그런데 책에도 급(級)이 있습니다. 옛날에는 책에 경(經)이라는 딱지라도 붙이려면 지금의 '스테디셀러' 정도는 되어야 했습니다. 그러니 책이라고 해서 다 경(經)이 아니지요. 부모는 자식에게 적어도 좋은 책, 양서(良書)를 골라줄 의무가 있습니다. 좋은 책을 읽고 세상을 살아가는 데 필요한 기술을 배운 자식은 어떤 힘든 상황에서도 자존심을 지킬 수 있을 것입니다.

돈으로만 모든 일을 해결하려 한다면, 아무리 따르는 사람이 많다고 하더라도 절대 그들로부터 존경(尊敬)받을 수는 없습니다. 자신의 자녀가 세상을 지혜롭게 살아가기를 바란다면 부모의 역할이 무엇인지 곰곰이 생각해봐야겠습니다.

黃金滿籝은 不如敎子一經이요,
황 금 만 영 불 여 교 자 일 경

賜子千金은 不如敎子一藝니라.
사 자 천 금 불 여 교 자 일 예

黃金滿籝 不如敎子一經
賜子千金 不如敎子一藝

34

자식 사랑의 채찍과 당근

憐兒어든 多與棒하고
연 아　　다 여 봉

憎兒어든 多與食하라.
증 아　　다 여 식

아이를 사랑하거든 매를 많이 주고
아이를 미워하거든 먹을 것을 많이 주라.

| 한자 알기 | ●憐 사랑할 련 ●與 줄 여 ●棒 몽둥이 봉 ●憎 미워할 증

　아이들은 부모의 기(氣)를 받고 자랍니다. 兒(아이 아)는 머리뼈가 아직 굳지 않고 벌어져 있는 어린아이를 뜻합니다. 그래서 자녀가 어릴수록 부모와의 대화가 절대적으로 중요합니다. 일상 속에서 특별한 내용이 아니어도 좋습니다. "오늘 급식은 맛있었니?" "주말에 뭐해?" 등 사소한 말 한마디에 아이들의 얼굴은 환해집니다. 그래서 아이를 키울 때 가

장 중요한 것은 부모의 따뜻한 표정과 마음입니다. 반면에 잘못을 했을 때는 '사랑의 매' 같은 따끔한 교육이 필요합니다.

우리 속담 중에 '미운 놈은 떡 하나 더 주고 예쁜 놈은 매 한 번 더 든다'는 속담이 있습니다. 귀한 자식일수록 엄격하고 강하게, 올바르게 키우라는 뜻이지요. 그런데 요즘은 부모들이 많이 나약해졌습니다. 마치 온실 속 화초를 키우듯 매를 들지 않고 엄지공주, 엄지왕자로 키우려 합니다. 동화가 아닌 현실 속 엄지공주, 엄지왕자라고 생각하니 걱정스럽지요? 부모의 손바닥 안에서 비바람을 피하면 편할지는 모르나 세상살이는 그리 호락호락하지 않습니다.

게다가 누구보다 내 자식이 우선이며 누구보다 최고로 키워야 하겠기에 자꾸 자녀의 일거수일투족을 간섭하고 다른 아이와 비교합니다. 부모의 과잉보호와 지나친 참견에는 일종의 보상 심리가 들어 있습니다. 그 보상이 눈앞에 빨리 나타나지 않으면 부모는 초조해지고 급기야 넘지 말아야 할 선을 넘으며 심한 말로 닦달하게 됩니다. 점점 자식의 마음을 읽을 여유가 사라집니다. 자식 교육은 만만하지도, 쉽지도 않음을 부모가 되어보면 뼈저리게 느낍니다.

教(가르칠 교)는 산가지(爻)로 공부하는 아이(子)를 회초리로 때리며(攵) 가르친다는 뜻입니다. 育(기를 육)은 갓난아이(㐫)를 젖을 먹여 살(月)을 찌우며 잘 자라도록 기른다는 뜻입니다. 教(교)는 채찍이요, 育(육)은 당근입니다.

채찍과 당근이 적절히 이루어져야 진정한 교육의 효과를 볼 수 있습니다. 아이가 잘못해서 때리는 부모 마음이야 말해서 뭐하겠습니까?

'장문유장 상문유상(將門有將 相門有相)', 즉 장군 가문에서 장군 나고 정승 집안에서 정승 난다는 말이 있습니다. 콩 심은 데 콩 나듯 교육에서 가장 중요한 것은 환경입니다.

맹자의 어머니가 아들의 교육을 위해 세 번 이사했다는 맹모삼천지교(孟母三遷之敎)는 너무나 유명한 일화입니다. 그리고 쑥이 삼밭에서 자라면 붙들어주지 않아도 저절로 곧게 자란다는 '봉생마중 불부자직(蓬生麻中 不扶自直)'이라는 말도 있습니다.

이렇듯 환경이 사람을 만듭니다. 이제는 체벌이 금지되어 훈육보다는 좋은 환경 속에서 잘 자랄 수 있게 하는 것이 어른이 할 일입니다. 부모라면 '자식은 잠재워놓고 사랑하라'는 옛말을 잊어서는 안 되겠습니다.

憐兒어든 多與棒하고
연 아   다 여 봉
憎兒어든 多與食하라.
증 아   다 여 식

憐兒 多與棒
憎兒 多與食

子　曰　爲　善　者　天　報　之　以　福　爲　不
善　如　渴　聞　惡　如　聲　又　曰　善　事　須
廣　施　人　生　何　處　不　相　逢　讐　怨　莫
於　我　善　者　我　亦　善　之　於　我　惡　者
於　我　無　惡　哉　●　種　瓜　得　瓜　種　豆
曰　死　生　有　命　富　貴　在　天　●　太　公
子　何　孝　焉　●　性　理　書　云　見　人　之
之　惡　而　尋　其　之　惡　如　此　方　是　有
孝　夫　無　煩　惱　是　妻　賢　言　多　語　失
爲　錢　●　自　信　者　人　亦　信　之　吳　越
疑　之　身　外　皆　敵　國　花　落　花　開　開
必　常　富　貴　貧　家　未　必　長　寂　寞　扶
凡　事　莫　怨　天　天　意　於　人　無　厚　薄
轉　如　車　去　年　妄　取　東　隣　物　今　日
來　田　地　水　推　沙　若　將　狡　譎　爲　生
欲　知　其　君　先　視　其　臣　欲　識　其　人
蘇　東　坡　曰　無　故　而　得　千　金　不　有
甘　露　醉　後　添　盃　不　如　無　●　酒　不

제11편

성심(省心)

者 天 報 之 以 禍 ● 太 公 曰 見
貪 惡 事 莫 樂 ● 景 行 錄 曰 恩 義
吉 路 逢 狹 處 難 回 避 ● 莊 子 曰
戈 亦 善 之 我 既 於 人 無 惡 人 能
尋 豆 天 網 恢 恢 疎 而 不 漏 ● 子
孝 於 親 子 亦 孝 之 身 既 不 孝
而 尋 其 之 善 見 人
● 父 不 憂 心 因 子
因 酒 義 斷 親 疎 只
兄 弟 自 疑 者 人 亦
落 錦 衣 布 衣 更 換 着 豪 家 未
未 必 上 青 推 必 塡 邱 壑 勸 君
堪 歎 人 心 毒 似 蛇 誰 知 天 眼
歸 北 舍 家 無 義 錢 財 湯 潑 雪
恰 似 朝 雲 募 落 花 ● 王 良 曰
視 其 友 欲 知 其 父 先 視 其 ●
福 必 有 大 禍 ● 渴 時 一 滴 如
人 人 自 醉 色 不 迷 人 人 自 迷

35

일희일비하지 말자

旣取非常樂이어든
기 취 비 상 락

須防不測憂라.
수 방 불 측 우

이미 뜻밖의 즐거움을 취했다면
반드시 예측할 수 없는 불행을 미리 방비해야 한다.

| 한자 알기 | ●旣 이미 기 ●取 가질 취 ●非常(비상) 예사롭지 않은 특
별함 ●須 모름지기, 반드시 수 ●防 막을 방 ●測 헤아릴 측

　많은 사람들이 알고 있는 유비무환(有備無患)이라는 한자성어가 있습
니다. 미리 준비되어 있으면 우환(憂患)을 당하지 않으며 또한 당하더라
도 지혜롭게 극복할 수 있다는 뜻이지요.
　별일 없을 때 위험(危險)과 곤란(困難)한 일이 닥칠 것을 생각하여 미
리 대비(對備)해야 한다는 거안사위(居安思危)란 말도 있습니다. 즐거운

일 뒤에 재앙이 올 수 있으니 평소에 방지할 수 있도록 노력하고 경계해야 함은 만고불변의 충고입니다. 호사다마(好事多魔)라는 말도 있지요. 좋은 일에는 반드시 많은 마(魔)가 낀다는 뜻입니다.

魔(마귀 마)는 일이 잘못되도록 헤살을 부리는 요사스러운 마귀(魔鬼)를 말합니다. 일이 잘 풀리지 않고 꼬이면 사람들은 '마가 끼었나' 하고 생각합니다. 마귀가 방해하니 궂은 일이 자꾸 일어나거나 극복하기 어려운 장벽이 생긴다는 말입니다. 옛사람들은 이런 못된 마귀가 좋은 일에 훼방을 놓는다고 믿었습니다. 그래서 경사스러운 일이 생겨도 조심, 또 조심하며 기쁨을 맘껏 표현하지 않았다고 합니다. 마(魔)가 와서 장난을 치면 낭패(狼狽) 아닙니까?

홍진비래(興盡悲來)라는 말도 있습니다. 기쁜 일이 다하면 슬픈 일이 온다는 뜻입니다. 날씨가 변덕을 부리듯 사람의 인생살이에도 많은 변덕이 있습니다. 마냥 즐겁거나 마냥 슬픈 일만 생기지 않지요. 그야말로 인간만사 새옹지마(人間萬事 塞翁之馬)입니다. 새옹지마처럼 좋은 일이 나쁜 일로, 나쁜 일이 오히려 좋은 일로 바뀌는 일이 다반사입니다. 그러면 새옹지마의 유래를 살펴볼까요?

중국 변방 만리장성 부근에 한 노인이 살았습니다. 어느 날 노인이 기르던 말 한 필이 장성을 넘어 달아났습니다. 이웃 사람들이 노인을 찾아와 얼마나 슬프냐고 위로하자 노인은 세상일은 모르는 것이라며 대

수롭게 여기지 않았습니다. 몇 달 후 달아났던 말이 오랑캐의 귀한 준마(駿馬)와 함께 집으로 돌아왔습니다. 이번에도 이웃 사람들은 노인을 찾아와 축하해주었습니다. 그러나 노인은 좋아만 할 일이 아니라고 담담히 말했습니다.

얼마 후 노인의 외아들이 말을 타다가 그만 떨어져서 다리가 부러졌습니다. 이웃 사람들은 노인에게 얼마나 슬프냐며 위로했습니다. 그러나 역시 노인은 그럴 수도 있다며 담담해했습니다. 1년 뒤 전쟁이 나서 마을의 젊은 남자들이 모두 전쟁에 나가 대부분 전사했습니다. 그러나 노인의 아들은 다리가 부러진 까닭에 전쟁에 나가지 않았고 죽음을 면할 수 있었습니다.

세상사 아무도 모른다더니 좋은 일이 오히려 나쁜 일로 바뀔 수 있음을 보여주는 이야기입니다. 그러니 너무 희희낙락(喜喜樂樂), 일희일비(一喜一悲)하지 맙시다. 오늘이 힘들고 괴로울수록 기쁜 일이 가까이 다가오고 있다고 생각하며 스스로 위로하고 치유하는 힘을 길러야 합니다.

旣取非常樂이어든
기 취 비 상 락

須防不測憂라.
수 방 불 측 우

旣取非常樂
須防不測憂

36

덧없는 인생, 어떻게 살 것인가

未歸三尺土하얀 難保百年身이요,
미 귀 삼 척 토   난 보 백 년 신

巳歸三尺土하얀 難保百年墳이니라.
이 귀 삼 척 토   난 보 백 년 분

무덤 속으로 돌아가기 전에 백 년의 몸을 지키기 어렵고,
이미 무덤 속으로 돌아갔어도 백 년간 무덤을 보전키 어렵다.

| 한자 알기 | ●尺 자 척(1척은 약 30센티미터로, 삼척토三尺土는 90센티미터 높이의 무덤을 말함) ●難 어려울 난 ●墳 무덤 분

    어느 누구도 자신이 태어나고 싶은 나라와 시간을 선택한 사람은 없습니다. 우리는 자기 의지대로 태어나지 않았다는 말입니다. 그러나 내 삶은 내가 책임지고 내 의지대로 살아야 합니다. 그래서 '얼마나 오래 살았느냐'도 중요하지만 '어떻게 살았느냐'가 더 중요합니다. 사는 동안 아무 탈 없이 살아야 죽어서도 내 이름이 더러워지지 않습니다.

왼편의 글은 읽고 또 읽을수록 마음 한구석이 숙연해지는 문장 중 하나입니다. 미귀(未歸)란 아직 무덤에 들어가지 않았으니 이승에 발붙이고 살고 있는 시간이요, 이귀(已歸)란 이미 무덤에 들어가 누워 저승에 있는 시간입니다. 삼척토(三尺土)란 무덤을 뜻합니다.

살아서 저 무덤에 들어가기 전에 이 한 몸 유지하기가 쉽지 않습니다. 죽어서도 생전의 죄상이 드러나 부관참시를 당하는 수모를 당할 수 있습니다. 그리고 자손들이 무덤 관리를 소홀히 해서 아예 무덤이 없어질 수도 있지요. 참으로 세상살이가 호락호락하지 않지요.

하늘에는 예측할 수 없는 비바람이 있고
天有不測風雨(천유불측풍우)
사람에게는 아침저녁 다가오는 화와 복이 있느니라.
人有朝夕禍福(인유조석화복)

이렇게 사람은 살아서는 무탈하게 명예를 지키기 어렵고, 죽어서도 영원히 그 명예를 지키기가 어렵다고 합니다. 하물며 돌에 튀는 불같이 빠른 빛 속에서 길고 짧음을 다툰들 그 세월이 얼마나 되며, 달팽이 뿔 위에서 이기려고 싸운들 그 세계가 얼마나 크겠습니까? 〔石火光中 爭長競短 幾何光陰 蝸牛角上 較雌論雄 許大世界(석화광중 쟁장경단 기하광음 와우각상 교자논웅 허대세계).〕

그런데 오늘도 우리는 이 좁디좁은 세계에서 서로 미워하고 시기하며 아옹다옹 살아가고 있습니다. 시야를 조금만 넓혀 본다면, 그리고 생각을 좀 더 깊이 해본다면 이런 와우각상(蝸牛角上)의 싸움 따위는 하지 않을 것입니다. 우리보다 앞서간 선인들이 한결같이 똑같은 말을 남겼지요. 인생은 짧고 덧없다고 말입니다.

무릇 천지는 만물의 여관(역려逆旅)이요,
夫天地者 萬物之逆旅(부천지자 만물지역려)
세월(광음光陰)은 영원한 나그네(과객過客)
光陰者 百代之過客(광음자 백대지과객)
덧없는 인생 꿈과 같으니 그 기쁨이 얼마나 될까?
而浮生若夢 爲歡幾何(이부생약몽 위환기하)

당(唐)나라 시인 이태백(李太白)이 시간은 영원한 나그네요, 지구는 잠시 왔다 떠나는 여관이니 짧은 인생 즐겁게 살다 가야 하지 않겠느냐고 말하고 있습니다.

그래서일까요? 몸이 아파서 병원에 갔다가 큰 병이 아니라는 진단을 받고 나오는 순간 세상의 공기가 다르게 느껴집니다. 돈과 명예가 나에게 무슨 의미가 있을까요? 일인지하 만인지상(一人之下 萬人之上), 즉 모든 사람의 위에 올라서는 부와 권력을 갖는다고 해도 죽음 앞에서는 아무런 의미가 없습니다. 살아 있는 지금이 아름답습니다.

未歸三尺土하얀 難保百年身이요,
미 귀 삼 척 토   난 보 백 년 신

已歸三尺土하얀 難保百年墳이니라.
이 귀 삼 척 토   난 보 백 년 분

未歸三尺土　難保百年身
已歸三尺土　難保百年墳

37

알 수 없는 타인의 마음

畫虎畫皮難畫骨이요,
화 호 화 피 난 화 골

知人知面不知心이니라.
지 인 지 면 부 지 심

범을 그리되 가죽은 그릴 수 있으나 뼈는 그리기 어렵고,
사람을 알되 얼굴은 알 수 있지만 마음은 알 수 없다.

|한자 알기| ●畫 그릴 화 ●皮 가죽 피 ●骨 뼈 골

'열 길 물속은 알아도 한 길 사람 속은 모른다'는 속담이 있습니다. 살다 보면 이 속담에 고개를 끄덕이게 되는 씁쓸한 경험을 할 때가 있지요. 알다가도 모르는 것이 사람 마음이라고 합니다. 지금까지 알고 지냈던 사람에게 배신을 당해 뒤통수를 맞으면 그 충격은 잊기가 어렵습니다. 바다는 마르면 바닥을 볼 수 있으나 사람은 죽어도 그 마음을 알지 못한다고 합니다.

입에 꿀을 바른 것처럼 상냥하게 다가오는 사람을 그대로 믿을 수 있다면 얼마나 좋을까요? 때때로 사람들은 자신을 감추기 위해 남에게 비굴할 정도로 친절을 베풀기도 합니다. 그래서 진심인지 아닌지 헷갈리곤 합니다. 세상은 염치가 없고 뻔뻔스러운 사람을 가리켜 '철면피(鐵面皮)'라고 합니다. 쇠로 만든 낯가죽이라는 뜻이지요. 이 말은 다음 일화에서 유래되었다고 합니다.

중국에 왕광원(王光遠)이란 사람이 있었는데, 그는 출세욕이 대단하여 늘 권력가에게 비굴하게 고개를 숙이고 아부하곤 했습니다. 어느 날 조정의 대신이 잔치를 하다가 술이 취해 채찍으로 그를 때리려 했습니다. 그러자 왕광원은 바지를 걷고 이리저리 다리를 돌려가며 웃으면서 맞았습니다. 심지어 피가 흐르는데도 개의치 않고 더 때려달라고 했습니다. 또한 그는 고관의 집에 가서 개집을 향해 큰절을 하기도 했습니다. 그런 그를 두고 사람들은 "왕광원의 낯가죽은 열 겹의 철갑처럼 두껍다"라고 말했습니다.

왕광원의 행동은 정말 대단한 철면피입니다. 어찌 보면 철면피가 차라리 나은 건지도 모릅니다. 착한 얼굴을 하고 마음은 짐승 같은 인면수심(人面獸心)을 가진 인간이야말로 정말 무서운 사람입니다. 그러면 이런 사람들을 알아보는 방법은 없을까요? 독심술(讀心術)은 사람들의 몸가짐이나 얼굴 표정, 얼굴 근육의 움직임 따위로 속마음을 짐작해서 알아내는 방법입니다. 그런데 이런 기술까지 배워야 하는 건지 참 고민이 됩니다.

타인의 마음을 다 알기란 쉽지 않습니다. 맹자가 말했습니다. "사람의 마음을 살피는 데 눈동자보다 좋은 것은 없다. 눈동자는 자신의 악(惡)을 가릴 수 없다. 마음이 바르면 그 눈동자가 맑고, 마음이 바르지 않으면 그 눈동자가 흐려진다."〔存乎人者 莫良於眸子 眸子不能掩其惡 胸中正則 眸子瞭焉 胸中不正則眸子眊焉(존호인자 막양어모자 모자불능엄기악 흉중정즉모자 료언 흉중부정즉모자모언).〕

어렸을 적부터 많이 들었던 '눈은 마음의 창'이란 말이 생각나네요. 사람의 심중(心中)을 살피고 싶으면 눈동자를 보세요. 그전에 먼저 상대방에게 진심으로 다가가야 합니다. 그리고 상대방의 정직(正直)한 눈을 읽을 줄 아는 지혜로운 안목 '혜안(慧眼)'이 필요합니다. 자기 성찰과 다양한 경험을 통해 혜안을 길러야겠습니다.

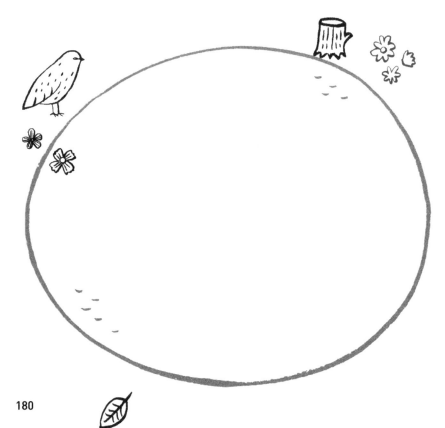

畫虎畫皮難畫骨이요,
화 호 화 피 난 화 골

知人知面不知心이니라.
지 인 지 면 부 지 심

畫虎畫皮難畫骨
知人知面不知心

38

세상에 쓸모없는 것은 없다

天不生無祿之人하고
천 불 생 무 록 지 인

地不長無名之草니라.
지 부 장 무 명 지 초

하늘은 녹 없는 사람을 내지 않고
땅은 이름 없는 풀을 기르지 않는다.

| 한자 알기 | ●祿 녹봉 록(관리의 봉급)

　　어느 날 갑자기 삶이 버거워 마음이 울적해질 때가 있습니다. 불쑥 '내가 쓸모없는 인간은 아닌지……' 하는 생각이 들면서 힘이 빠집니다. 특히 남보다 뛰어난 능력이나 재능이 없는 평범한 사람들은 종종 자존감이 무너져서 삶의 의미를 찾지 못하고 방황하기도 합니다. 그러다 따스한 봄날 담벼락 아래 귀퉁이에 흔들거리며 수줍게 서 있는 민들레

를 보면 눈 밑이 뜨거워집니다. '기나긴 겨울을 잘 버텼구나.' 이 무한한 우주 속에 존재하는 모든 생명체는 저마다 존재의 이유가 있습니다. 정말 기특하지요? 옛사람들도 이렇게 생각했답니다.

녹(祿)은 관리들에게 봉급으로 주던 곡식이나 돈, 피륙을 의미합니다. 관리의 녹봉으로, 지금의 월급이나 다양한 노동의 대가를 말합니다. 결국 하늘은 무록지인(無祿之人)이 태어나지 않게 한다는 말입니다. 인간은 각자 자신의 능력이 있고 그에 따라 벌이를 한다니, 자기가 먹고살 기술 한 가지씩은 갖고 태어난다고 해야겠지요?

옛 어른들은 자식을 주렁주렁 많이 낳은 사람들을 보면 걱정하는 목소리 뒤에 이렇게 두둔했답니다. "저 먹을 것은 갖고 태어난다." 세상에 태어난 인간 중에 무용지물(無用之物)은 없다는 말이지요. 여기서 쓸모가 없는 가운데 쓸모가 있다는 장자(莊子)의 무용지용(無用之用)을 꺼내지 않을 수 없습니다.

초나라의 남백자기(南伯子綦)란 사람이 상구 지방을 지나가다가 커다란 나무를 보게 되었습니다. 나무가 엄청나게 커서 네 마리 말이 끄는 마차 천 대가 그 밑으로 들어갈 수 있을 정도였지요. 그러나 자세히 보니 구불구불해서 집을 짓는 재목도 될 수 없고, 밑동은 속이 텅 비어 관으로 쓸 수도 없었습니다. 나뭇잎은 먹으면 입이 부르트고 냄새가 고약해 구역질이 날 정도였습니다. 이렇게 쓸모없는 나무를 보며 남백자기는 말했습니다.

"이 나무는 재목이 될 수 없겠구나. 그러나 바로 이 쓸모없음이 큰 나무로 자라게 했구나."

좋은 재목이 되지 못해 목수들이 거들떠보지 않아 큰 나무로 자랄 수 있었다는 말입니다. 그 나무 아래로 많은 사람들이 와서 휴식을 취하니, 진정 쓸모없음이 오히려 쓸모 있어진 것입니다. 세상에는 능력이 많은 사람이나 적은 사람이나 다 소중한 존재이며 나를 필요로 하는 곳이 분명히 있습니다.

종량제를 실시하기 전만 해도 쓰레기는 무조건 쓸모없고 버려야 하는 것으로 여겨졌지요. 그러나 지금은 쓰레기도 재활용합니다. 하물며 두 손, 두 발 달린 인간으로 태어났으니 무엇인들 못하겠습니까? 혹시 못 하는 것이 아니라 안 하는 것은 아닐까요? 이 세상에 태어난 모든 생명체가 존귀하다는 생명존중 철학을 다시 한 번 마음속에 새겨야 하겠습니다.

天不生無祿之人하고
천 불 생 무 록 지 인
地不長無名之草니라.
지 부 장 무 명 지 초

天不生無祿之人
地不長無名之草

39

왜 나한테만 이런 일이 생길까

花落花開開又落하고
화 락 화 개 개 우 락

錦衣布衣更換着이라.
금 의 포 의 갱 환 착

豪家未必常富貴요,
호 가 미 필 상 부 귀

貧家未必長寂寞이라.
빈 가 미 필 장 적 막

勸君凡事를莫怨天하라.
권 군 범 사 막 원 천

天意於人에無厚薄이라.
천 의 어 인 무 후 박

꽃은 지었다 피고, 피었다 또 진다.
비단 옷도 다시 베옷으로 바꿔 입는다.
넉넉하고 호화로운 집이라고 해서
반드시 언제나 부귀한 것이 아니며,

가난한 집도 반드시 오래 적적하고 쓸쓸하지 않으리라.
그대에게 권고하나니, 모든 일에 하늘을 원망하지 말라.
하늘의 뜻은 사람에게 후하고 박함이 없다.

| 한자 알기 | ●開 열 개 ●錦衣(금의) 비단옷, 귀한 사람의 옷
●布衣(포의) 베옷, 가난한 사람의 옷 ●更 다시 갱 ●換 바꿀 환
●着 입을 착 ●未必(미필) 반드시 꼭 ~한 것은 아니다
●寂 고요할 적 ●寞 쓸쓸할 막 ●君 임금 군(여기서는 '그대'라는 뜻)
●怨 원망 원 ●厚 두터울 후 ●薄 얇을 박

　어떤 사람들은 세상이 불공평하다고 말합니다. 살다 보니 공평한 것
같기도 하고 아닌 것 같기도 하고……, 참 뭐라고 말하기 어렵습니다.
하루에도 비가 내렸다 바람 불었다 햇빛이 나왔다 하듯 우리의 인생사
도 파란만장한 드라마 같지요. 그런데 좋은 일보다 나쁜 일이 더 많이
생기다 보니 불공평하다는 생각이 드는 게 사실입니다.
　'왜 나한테만 이런 일이 생기지?' 일이 잘 안 풀리고 꼬이면 나도 모르
게 하늘을 원망합니다. 세상 돌아가는 이치가 반드시 내 뜻대로 되는 것
은 아니지요. 여름이 지나면 추운 겨울이 기다리고 있듯이 세상 이치도
마찬가지입니다.
　그런데 우리는 조급증이 있다 보니 힘든 상황을 견디지 못하고 세상
이 나에게만 박(薄)하게 군다고 원망합니다. 다 지난 뒤 생각해보면 견
딜 만큼의 시련을 준 것입니다. 나보다 힘들어하는 사람을 보면 나의 시

187

련은 아무것도 아니었음을 뒤늦게 깨닫게 되지요.

"삶이 그대를 속일지라도 결코 슬퍼하거나 노여워하지 말라. 슬픔을 참고 견디면 기쁨의 날은 기필코 오리니, 현재는 언제나 슬픈 것, 마음은 미래에 사는 것. 모든 것은 순식간에 지나가고 지난 것은 모두 그리워만 진다"는 푸시킨의 시 구절이 생각납니다. 젊은 시절 일기장 맨 앞장에 적어놓고 힘들 때마다 수없이 되뇌며 위로받았던 시입니다. 지금 다시 보니 어찌어찌하여 이렇게 고비를 넘기며 살아왔는지 고맙기까지 합니다.

해가 가면 달이 오고, 달이 가면 해가 옵니다. 추위가 가면 더위가 오고, 더위가 가면 추위가 오지요. 자연의 이치는 이렇게 공평하니 힘든 삶도 언젠가는 끝날 때가 있겠지요.

어느 날 문득 희로애락을 함께했던 지인들이 하나둘 보이지 않는 걸 깨닫게 됩니다. 옛 시에 "해마다 꽃은 같은데 해마다 사람은 같지 않네〔年年歲歲花相似 歲歲年年人不同(연연세세화상사 세세년년인부동)〕"라는 시가 생각납니다. 지금 살아 있음에 감사하고 힘든 일에 너무 절망하지 맙시다!

花落花開開又落하고
화 락 화 개 개 우 락

錦衣布衣更換着이라.
금 의 포 의 갱 환 착

豪家未必常富貴요.
호 가 미 필 상 부 귀

貧家未必長寂寞이라.
빈 가 미 필 장 적 막

勸君凡事를 莫怨天하라.
권 군 범 사 막 원 천

天意於人에 無厚薄이라.
천 의 어 인 무 후 박

花落花開開又落
錦衣布衣更換着
豪家未必常富貴
貧家未必長寂寞
勸君凡事　莫怨天
天意於人　無厚薄

40

사람은 끼리끼리 어울린다

欲知其君_{인대} 先視其臣_{하고}
욕 지 기 군   선 시 기 신

欲識其人_{인대} 先視其友_{하고}
욕 식 기 인   선 시 기 우

欲知其父_{인대} 先視其子_{하라.}
욕 지 기 부   선 시 기 자

君聖臣忠_{하고} 父慈子孝_{니라.}
군 성 신 충   부 자 자 효

그 임금을 알려면 먼저 그 신하를 보고
그 사람을 알려면 먼저 그 벗을 보고
그 아버지를 알려면 먼저 그 자식을 보라.
임금이 성스러우면 신하가 충성스럽고
아버지가 인자하면 자식이 효성스럽다.

| 한자 알기 | ●識 알 식 ●聖 성스러울 성 ●慈 자애로울 자

190

학교에서 자녀가 공부하다 문제가 생기면 부모는 상담을 하기 위해 학교를 방문합니다. 그런데 대부분의 선생님들은 교무실 먼발치에서도 학부형을 보면 누구의 부모인지 알아맞힙니다. 믿기 어렵지만 사실입니다. 정말 많이 닮았습니다. 외모보다도 말투, 손짓, 눈빛 등이 놀라울 정도로 많이 닮아 있지요. 부모를 먼발치에서 보고 알아맞힌 선생님들조차도 그렇게 닮은 모습에 놀라워하곤 합니다.

'그 사람을 알려거든 그 친구를 살펴보라'는 말이 있습니다. 사람들 사이에서 의견이 엇갈리면 대부분 자신과 같은 생각을 하는 사람의 말에 수긍하곤 합니다. 나와 비슷한 생각을 하는 사람에게 친근함을 느껴 쉽게 친해지고 함께 어울려 다닙니다. 이렇듯 끼리끼리 어울리는 문화는 오래전부터 생겨났는데 이를 유유상종(類類相從)이라 합니다.

춘추전국 시대 제(齊)나라 선왕(宣王)은 순우곤(淳于髡)에게 각 지방의 인재를 찾아 등용하도록 했습니다. 며칠 뒤에 순우곤이 일곱 명의 인재를 데리고 오자 선왕이 말했습니다.

"귀한 인재를 한꺼번에 일곱 명씩이나 데려오다니, 너무 많지 않은가?"

그러자 순우곤이 말했습니다.

"같은 종의 새가 무리지어 살듯, 인재도 끼리끼리 모입니다."

요즘 유유상종은 '끼리끼리', '초록은 동색'과 함께 주로 상대를 비꼬는 말로 사용됩니다. 그러나 순우곤은 인재는 인재끼리 어울리니 인재를 찾아내기가 쉽다고 주장합니다. 성군 옆에 충신이 있고 자애로운 부모 옆에 효자가 있는 것은 서로 닮아가기 때문입니다. 부부도 늙으면 얼굴이 닮는다고 합니다.

이제 나를 알고 싶으면 거울을 보지 말고 옆에 있는 가까운 사람들을 다른 사람들이 어떻게 평가하는지 천천히 살펴보세요. 그러면 자신의 얼굴이 보일 겁니다.

【한자 쓰기】

欲知其君인대 先視其臣하고
욕 지 기 군   선 시 기 신

欲識其人인대 先視其友하고
욕 식 기 인   선 시 기 우

欲知其父인대 先視其子하라.
욕 지 기 부   선 시 기 자

君聖臣忠하고 父慈子孝니라.
군 성 신 충   부 자 자 효

欲知其君 先視其臣

欲識其人 先視其友

欲知其父 先視其子

君聖臣忠 父慈子孝

41

물이 너무 맑으면 손 씻기도 두렵다

水至淸則無魚하고
수 지 청 즉 무 어

人至察則無徒니라.
인 지 찰 즉 무 도

물이 너무 맑으면 고기가 없고
사람이 너무 살피면 따르는 무리가 없다.

| 한자 알기 | ●至 지극히 지(여기서는 '매우'란 뜻)
●察 살필 찰 ●徒 무리 도

세상에 완벽한 인간은 없다고 합니다. 다른 말로 하면 사람은 누구나 실수를 한다는 의미입니다. 그래서 사람들은 실수 자체보다 실수를 한 뒤에 어떻게 행동하느냐에 따라 그 사람의 인간성을 판단합니다.

그런데 스스로 완벽하기 위해 엄격하게 행동하는 사람은 자기 관리가 철저한 사람으로 보일지 몰라도 상대방에게 완벽함을 요구하면 피곤한 사람으로 보이기 쉽습니다. 그러다 보면 자칫 혼자 덩그러니 남을 수도 있지요.

至(지극히 지)는 '지극히, 매우, 가장'으로 해석합니다. 한자어로는 지성(至誠), 지고지순(至高至順) 등이 있습니다. 수지청(水至淸)은 물이 그냥 맑은 것이 아니라 지나치게 맑은 최상의 상태를 말합니다. 물론 물이 맑으면 좋겠지만 지나치게 맑으면 물고기들이 와서 놀지 못합니다. 혹여 헤엄치다가 물을 흐리는 것은 아닌지, 바위 아래에 몸을 숨겨도 물이 맑아서 낚시꾼에게 들키는 것은 아닐지 불안함을 느끼게 됩니다.

우리도 마찬가지입니다. 인지찰(人至察), 스스로 완벽한 성격이라며 다른 사람을 이리저리 깐깐하게 보고 따지면 곧 주변에 사람들이 하나둘 사라집니다. 여름날 계곡에 가서 발을 담그려고 물을 내려다보다 물이 너무 맑으면 주춤하게 됩니다. 첨벙첨벙 물속으로 들어가고 싶은데 너무나 맑아서 멍하니 바라보기만 했던 기억이 있지요. 완벽주의랍시고 다른 사람에게까지 완벽을 요구하면 사람들이 불편하게 여기는 것은 당연하지요. 특히 리더는 완벽주의보다는 관용주의로 사람들을 대해야 합니다. 그래야 부족함을 감싸주고 용서하며 이해해주는 포용력 있는 리더가 될 수 있습니다. 너무 강직하게 불의와 타협하지 않다가 자살을 선택한 초나라 굴원(屈原)의 삶을 잠깐 살펴볼까요?

굴원이 모함으로 벼슬에서 쫓겨나게 되었을 때입니다. 어느 날 그는 초췌한 모습으로 강가를 거닐다 어부를 만났습니다. 어부가 어찌하여 그 꼴이 되었느냐고 묻자, 굴원은 "온 세상이 모두 탁한데[擧世皆濁(거세개탁)] 나만 홀로 맑고, 모든 사람이 다 취했는데 나만 홀로 깨어 있어 추

방당했습니다"라고 대답했다 합니다. 물론 자신의 소신을 지키지 말라는 것이 아닙니다. 그러나 자기의 주장만 내세우다 보면 적이 많아지고 자주 공격을 받게 됩니다. 그 어부는 떠나가면서 이런 노래를 불렀답니다. "창랑의 물이 맑으면 내 갓끈을 씻고, 흐리면 내 발을 씻으리라." 어부는 깨끗하면 깨끗한 대로, 탁하면 탁한 대로 함께 사는 것이 어떠냐며 세상과 타협하라고 충고하지만 끝내 굴원은 멱라수(汨羅水)에 몸을 던지고 말았습니다.

굴원처럼 똑 부러지는 대나무 같은 삶을 살 것인가, 어부처럼 부러지지 않는 갈대처럼 살 것인가? 참 어려운 숙제이긴 하지만 자기만 완벽하게 보이려고 너무 애쓰지 말고, 함께 더불어 살면서 세상을 조금이나마 맑게 만들기 위해 노력해보면 어떨까요?

水至淸則無魚하고
수 지 청 즉 무 어

人至察則無徒니라.
인 지 찰 즉 무 도

水至淸則無魚
人至察則無徒

42

세상의 모든 생명은 소중하다

憫人之凶하고 樂人之善하며,
민 인 지 흉　　낙 인 지 선

濟人之急하고 救人之危니라.
제 인 지 급　　구 인 지 위

남의 흉한 일을 불쌍히 여기고 남의 착한 것을 즐겁게 여기며,
남의 급한 것을 구제하고 남의 위태함을 구제하라.

| 한자 알기 | ●憫 민망할 민(여기서는 '불쌍할 민憫'의 뜻) ●人 사람 인(여기서는 '남'의 뜻) ●濟 구제할 제 ●急 급할 급 ●救 구제할 구 ●危 위태할 위

　　매일 신문지상에 오르내리는 크고 작은 사건을 대하는 우리들의 마음은 하루 종일 어수선합니다. 잊을 만하면 터지는 대형 사고 같은 참사는 온 나라를 힘들게 합니다. 나와 상관이 있건 없건 그것은 중요하지 않습니다. 매스컴에서 보여주는 사고 현장을 바라보는 사람들의 마음은 한결같습니다. 한 명이라도 구조되기를 간절히 바라고 또 바랍니다.

대형 사고가 터지면 뉴스에서 눈을 떼지 못하는 이유는 우리의 본성인 측은지심(惻隱之心)이 발동하기 때문입니다. 남의 불행을 보면 자기도 모르게 불쌍하고 측은한 마음이 생겨 눈물이 나고 발을 동동 구르다 급기야 달려가서 도와주고 싶은 마음이 들지요. 만약 이런 마음이 생기지 않는다면 인간도 아니라고 〔無惻隱之心 非人間也(무측은지심 비인간야)〕맹자는 일갈했지요. 자칫 짐승만도 못한 인간이 될 수 있습니다.

얼마 전 중국에서 마작을 하는 사람들 사이로 갑자기 사람이 쓰러져 죽었는데 아무도 돌아보는 사람이 없었다는 기사를 읽었습니다. 정말 인간으로서 할 수 없는 행태가 벌어진 겁니다. 맹자는 인간 누구나 가지고 있는 측은지심이 바로 인(仁), 즉 더불어 사는 사랑의 출발이라고 주장했습니다. 언제 들어도 맞는 말이지만 요즘 같은 세상에 더욱 필요한 말이 아닐까 합니다.

凶(흉할 흉)은 함정(凵)에 사람(乂)이 빠져서 죽거나 위험에 처한 상황을 그린 한자입니다. 살다 보면 너 나 할 것 없이 이런 예상치 못한 험한 꼴을 많이 당하게 됩니다.

危(위태할 위)는 사람이 언덕(厃)에 서 있는 아찔한 모습을 그린 한자입니다. 그리고 떨어지기 전에 그 사람을 손으로(彐) 빨리 낚아채야 하는 급한 마음(心)

을 그린 한자가 急(급할 급)입니다. 위급(危急)한 상황을 그대로 표현한 한자입니다.

유일하게 직립보행을 하는 인간은 두 손으로 다양한 동작을 할 수 있습니다. 그런데 우물가로 아장아장 걸어가는 아기가 있다면 어떻게 해야 할까요? 설마 팔짱 끼고 구경만 하고 있지는 않겠지요? 인간은 혼자서는 살 수 없음을 한자 人(사람 인)과 間(사이 간)이 보여주고 있습니다.

인간 사이에서 서로 기뻐하고 슬퍼하며 더불어 살아야 인간다운 삶이라는 의미지요. 그래서 주변 사람의 애경사를 정성껏 챙기는 것은 인지상정입니다. 특히 경사(慶事)에는 불참하더라도 애사(哀事)에는 참석하려는 사람들이 많습니다. 이는 고통을 당하고 있는 사람의 마음을 위로하고 아픔을 조금이나마 덜어주고 싶기 때문이지요.

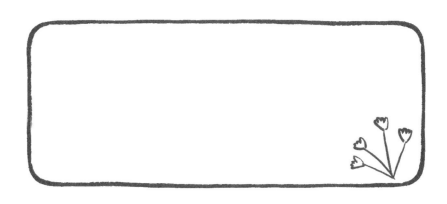

悶人之凶하고 樂人之善하며,
민 인 지 흉 　 낙 인 지 선

濟人之急하고 救人之危니라.
제 인 지 급 　 구 인 지 위

悶人之凶 樂人之善
濟人之急 救人之危

43

이유 없는 선물은 뇌물

無故而得千金이면
무 고 이 득 천 금

不有大福이라, 必有大禍니라.
불 유 대 복 　　　　 필 유 대 화

까닭 없이 천금을 얻는 것은
큰 복이 있는 것이 아니라, 반드시 큰 재앙이 있다.

| 한자 알기 | ●故 까닭 고

시대를 막론하고 사회의 부정부패, 비리는 늘 심각한 문제로 떠오르
곤 합니다. 부정 비리에 연루되어 오르락내리락하는 단어가 있지요? 바
로 뇌물(賂物)입니다. 뇌물이란 '자신의 이익을 위해 사람을 매수해서
몰래 주는 부정한 돈이나 물건'을 말합니다. 시대와 나라를 초월하여 사
회를 좀먹는 뿌리 깊은 악습입니다. 특히 공적인 일을 수행하는 공무원

이 사사로이 뇌물을 받고 공정성을 어지럽히면 문제가 큽니다.

무고(無故)하게 아무런 이유 없이 천금을 준다는 것이 상식적으로 가능한 일일까요? 결단코 그건 뇌물입니다. 구구절절 변명하고, 핑계 대고, 합리화할 필요 없습니다. '남이 하면 불륜, 내가 하면 로맨스'라는 말이 유행한 적이 있었습니다. 남들은 안 되고 나는 된다는 바로 이런 이중적인 자기중심적 사고에서 뇌물이 선물로 둔갑하지요.

賂(뇌물 뇌)를 가만히 보니 돈을 뜻하는 貝(조개 패)와 제각각, 자기 자신을 뜻하는 各(각각 각)이 결합하여 만들어졌습니다. 자신의 이익을 위해 남에게 돈을 갖다 바친다는 뜻이니 뇌물은 역사가 참 오래된 말입니다.

그러면 뇌물과 관계된 사지(四知)라는 고사를 살펴볼까요? 후한(後漢) 시대 양진(楊震)이 창읍에서 하룻밤을 묵을 때, 창읍 현령인 왕밀(王密)이 그를 찾아왔습니다. 그들에게는 양진이 형주자사로 있을 때 왕밀을 추천했던 인연이 있었습니다. 밤이 깊어지자 왕밀은 품속에서 뭔가를 꺼내 양진에게 내밀었습니다.

"금 열 근이옵니다. 받아두십시오."

이에 양진이 말했습니다.

"나는 자네가 정직한 사람이라고 믿었는데 자네는 나를 이렇게 대하는가?"

"이것은 뇌물이 아니옵고, 지금은 밤이 깊어 아무도 모릅니다."

그러자 양진은 왕밀을 이렇게 나무랐습니다.

"아무도 모르다니, 하늘이 알고, 땅이 알고, 내가 알고, 네가 안다."

〔天知 地知 我知 子知(천지 지지 아지 자지).〕

하늘이 알고, 땅이 알고, 네가 알고, 내가 안다……. 눈앞의 이익에 눈이 먼 사람의 뒷모습은 너무 초라하고 추합니다.

세상에 비밀은 없습니다. 진실로 두 다리 뻗고 편하게 잠자는 것이 세상에서 가장 큰 행복입니다. 나중에 패가망신하지 않으려면 이유 없이 주는 작은 선물일지라도 받아서는 안 됩니다. 그것은 선물이 아니라 단연코 뇌물입니다.

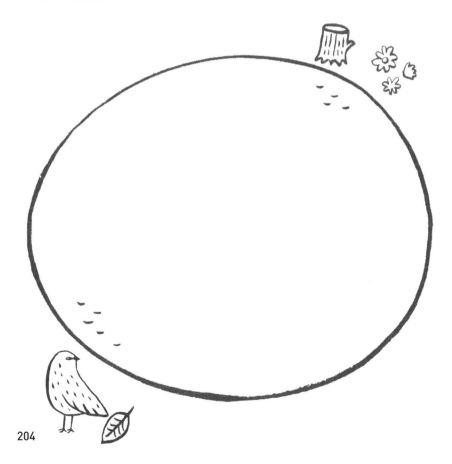

無故而得千金이면
무 고 이 득 천 금

不有大福이라, 必有大禍니라.
불 유 대 복 　 필 유 대 화

無故而得千金
不有大福 必有大禍

44

차고 넘치면 엎질러진다

器滿則溢하고 人滿則喪이니라.
기 만 즉 일   인 만 즉 상

그릇에 물이 차면 넘치고,
사람이 자만하면 잃게 된다.

| 한자 알기 | ●滿 찰(오만할, 교만할) 만 ●則 곧 즉(~하면)
●溢 넘칠 일 ●喪 잃을 상

"많으면 많을수록 좋아!" 한자성어로 다다익선(多多益善)을 말하는데
요, 상황에 따라 다르겠지만 아홉을 갖고 하나를 더 채우고 싶은 욕망으
로 보이기도 합니다. 이미 많이 가지고 있는데 하나 더 가져야 만족하겠
다는 뜻이지요.

　그런데 문제는 그 하나의 실체가 보이지 않는다는 겁니다. 사람마다,
상황에 따라 다르니 스스로도 감을 잡지 못해 손에 그 하나를 쥐고 있어
도 또 다른 하나를 찾아 헤매는 경우가 허다합니다. 그러다 자칫 마지막

한 개만 손에 쥐고 원래 가지고 있던 아홉 개는 손가락 사이로 빠져나갈 수 있습니다.

정수기에 물컵을 대고 잠깐 정신을 다른 곳에 두면 물이 넘치기 일쑤입니다. 그런데 컵에 물이 넘치면 잘 보이지만 자신이 정도(正道)를 벗어나 오만과 교만에 빠지는 것은 잘 감지하지 못합니다. 나중에 주위의 친구, 돈, 지위를 잃고 난 뒤에야 후회하고 깨닫게 됩니다.

滿(찰 만)은 물이 가득차서 넘치기 직전을 말합니다. 溢(넘칠 일)은 물이 흘러넘친다는 뜻입니다. 갑자기 바닷물이 육지로 넘쳐 흘러드는 현상을 해일(海溢)이라고 합니다. 사람은 신분이 올라갈수록 오만하고 교만해지기 쉽습니다. 오만과 교만으로 인심을 잃고, 결국 인간관계가 끊어집니다. 喪(잃을 상)은 재물, 친구, 가족 등 소중한 것들을 잃는다는 뜻이지요.

공자가 주환공(周桓公)의 사당을 찾아갔을 때의 일입니다. 사당 안에 있는 유좌지기(宥坐之器)를 발견하고 공자는 이렇게 물었습니다.

"이것은 어디에 쓰는 그릇입니까?"

사당지기가 대답했습니다.

"늘 오른쪽에 두고 보는 유좌지기입니다."

이 말을 들은 공자는 고개를 끄덕이며 말했습니다.

"저도 들은 적이 있습니다. 유좌지기는 속이 비면 기울어지고 중간쯤 차면 바로 서고, 가득 차면 엎질러진다는 그릇이지요."

환공이 이 그릇을 자리의 오른쪽 '좌우(座右)'에 두었다 하여 좌우명(座右銘)이란 말이 유래되었다고 합니다.

가득 차면 엎질러지고 비면 기울어진다니, 중용(中庸)을 유지한다는 것은 이렇게 어려운 일입니다. 때문에 옛사람들은 계영배(戒盈杯) 같은 그릇을 놓고 늘 자신의 행동을 경계하고 반성했다고 합니다. 지나치지도 모자라지도 않은 중용, 과유불급(過猶不及)의 정신을 실천하기 위해 노력하지 않으면 어느 순간 가득차서 엎어지고 맙니다.

 우리의 삶도 이러합니다. 결론은 허(虛)와 만(滿)이 아닌 중(中)을 지켜야 한다는 겁니다. 평소 중심(中心)을 잘 잡는 생활을 忠(충성 충)이라고 합니다. 중심을 잡지 못하면 흔들리는(串) 마음(心)에 **患(근심 환)**이 생깁니다. 그래서 병원에 가면 내 이름이 환자(患者)가 됩니다. 환(患)과 충(忠), 하루에도 몇 번씩 넘나들지요? 이제는 아홉 개를 갖고서 하나를 더 가지려 애쓰지 말고, 가지고 있는 네 개를 남에게 양보해야 합니다.

器滿則溢하고 人滿則喪이니라.
기 만 즉 일 　　 인 만 즉 상

器滿則溢 人滿則喪

45

최고의 음식도 맛없으면 그만

羊羹이 雖美나
양 갱 수 미

衆口를 難調니라.
중 구 난 조

양고깃국이 비록 맛이 좋으나
여러 사람의 입을 맞추기는 어렵다.

| 한자 알기 | ●羹 국 갱(양갱羊羹: 양고깃국) ●雖 비록 수
●衆口(중구) 여러 사람의 입 ●調 고를 조
●難調(난조) 고루 맞추기 어렵다

직장이나 단체에서 활동하다 보면 아무리 훌륭한 건의를 해도 이러쿵
저러쿵 말들이 많은 것을 발견하게 됩니다. 자기 기준으로 이 정도면 좋
다고 생각했는데 뜻밖에 반론이 등장하여 당혹스러운 경우가 종종 있습
니다. 세상 사람들 숫자만큼 생각이 제각각이지요. 더구나 다양성과 개

성을 존중하는 지금의 시대에는 모든 사람의 구미를 맞추기가 매우 어렵습니다.

羊羹(양갱)이라 하면 어렸을 적 가게에 가면 있었던, 팥으로 만든 네모나고 달콤한 양갱이 생각납니다. 지금도 즐겨 먹는 이 양갱은 팥을 삶  아 체에 거르고 설탕, 밀가루, 갈분 등을 섞어 틀에 넣고 쪄서 만든 음식입니다. 그런데 원래는 기원전 중국에서 양의 피로 만든 수프를 양갱이라 불렀다고 합니다. 그러니까 양(羊)의 피로 만든 국(羹)이라는 뜻에서 양갱입니다. 그 맛이 정말 기가 막히게 맛있었다고 합니다.

오늘날의 양갱은 1500년경 일본에서 고안된 과자로, 중국의 양갱과는 재료나 맛도 전혀 관련이 없지만 '양고깃국처럼 맛이 최고다'라는 이유로 양갱이라는 이름이 붙었다고 합니다. 맛의 최고봉이라 할 수 있지요.

그러나 이 맛있는 양갱도 사람 입맛에 따라 다릅니다. 먹을 것이 부족한 옛날에는 최고의 맛을 자랑했을지 모르나 지금처럼 다양한 음식이 등장하면서 호불호가 갈리는 게 당연한 현상이지요. 요즘 맛집 탐방을 하는 사람들의 블로그에 들어가봐도 똑같은 음식에 다양한 의견이 올라와 있는 것을 볼 수 있습니다.

이렇듯 사람들의 생각과 의견도 백인(百人)이면 백색(百色)입니다. 자칫 자기 생각만 옳다고 우기다가는 다수의 공격을 받기 쉽습니다. 그래서 무슨 일을 한 가지로 통일하는 것보다는 각자가 모여서 조화(調和)를 이루며 융합하는 자세가 더 설득력이 있습니다.

오늘날에는 다양한 의견을 받아들여 다시 절충하고 융합하려는 시대정신이 요구됩니다. 내 생각만 옳다고 주장하기엔 세상이 너무 빠르게 변하고 있습니다. 그러니 최고의 셰프가 만든 요리도 내 입맛에 맞지 않을 수 있습니다. 내가 정당(正當)하고, 최선(最善)을 다했다고 해도 그것을 싫어하는 사람이 늘 존재합니다. 이런 상황에서 타협점을 찾지 못하면 계속 불화(不和)에서 벗어나지 못합니다. 조화와 타협, 융합과 협업이 필요한 시대입니다.

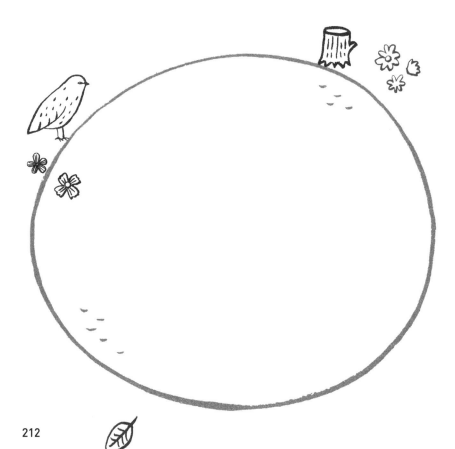

羊羹이 雖美나
양 갱   수 미

衆口를 難調니라.
중 구   난 조

羊羹　雖美
衆口　難調

子	曰	爲	善	者	天	報	之	以	福	爲	不
善	如	渴	聞	惡	如	聾	又	曰	善	事	須
廣	施	人	生	何	處	不	相	逢	讐	怨	莫
於	我	善	者	我	亦	善	之	於	我	惡	者
於	我	無	惡	哉	●	種	瓜	得	瓜	種	豆
曰	死	生	有	命	富	貴	在	天	●	太	公
子	何	孝	焉	●	性	理	書	云	見	人	之
之	惡	而	尋	其	之	惡	如	此	方	是	有
孝	夫	無	煩	惱	是	妻	賢	言	多	語	失
爲	錢	●	自	信	者	人	亦	信	之	吳	越
疑	之	身	外	皆	敵	國	花	落	花	開	開
必	常	富	貴	貧	家	未	必	長	寂	寞	扶
凡	事	莫	怨	天	天	意	於	人	無	厚	薄
轉	如	車	去	年	妄	取	東	隣	物	今	日
來	田	地	水	推	沙	若	將	狡	譎	爲	生
欲	知	其	君	先	視	其	臣	欲	識	其	人
蘇	東	坡	曰	無	故	而	得	千	金	不	有
甘	露	醉	後	添	盃	不	如	無	●	酒	不

제14편

치정(治政)

善 者 天 報 之 以 禍 ● 太 公 曰 見
貪 惡 事 莫 樂 ● 景 行 錄 曰 恩 義
結 路 逢 狹 處 難 回 避 ● 莊 子 曰
我 亦 善 之 我 既 於 人 無 惡 人 能
得 豆 天 網 恢 恢 疏 而 不 漏 ● 子
曰 孝 於 親 子 亦 孝 之 身 既 不 孝
善 而 尋 其 之 善 見 人
益 ● 父 不 憂 心 因 子
皆 因 酒 義 斷 親 疏 只
皆 兄 弟 自 疑 者 人 亦
又 落 錦 衣 布 衣 更 換 着 豪 家 未
人 未 必 上 青 推 必 塡 邱 壑 勸 君
● 堪 歎 人 心 毒 似 蛇 誰 知 天 眼
還 歸 北 舍 家 無 義 錢 財 湯 潑 雪
計 恰 似 朝 雲 募 落 花 ● 王 良 曰
乇 視 其 友 欲 知 其 父 先 視 其 ●
大 福 必 有 大 禍 ● 渴 時 一 滴 如
卒 人 人 自 醉 色 不 迷 人 人 自 迷

46

관리의 도리와 마음가짐

上有麾之하고 中有乘之하고
상 유 휘 지　　중 유 승 지

下有附之하여
하 유 부 지

幣帛衣之요, 倉廩食之하니
폐 백 의 지　　창 름 식 지

爾俸爾祿이 民膏民脂니라.
이 봉 이 록　　민 고 민 지

下民은 易虐이어니와 上蒼은 難欺니라.
하 민　　이 학　　　　상 창　　난 기

위에서는 지시하고, 중간에서는 이를 따라 다스리며
아래에서는 이에 따르는 백성이 있다.
백성이 바친 베로 옷을 해 입고
백성이 바친 곳간의 곡식으로 밥을 지어 먹으니
너희의 봉록은 바로 백성에게서 짜낸 기름이다.
백성을 학대하기는 쉽지만, 저 위 푸른 하늘을 속이기는 어렵다.

공무원(公務員)이란 공무(公務)를 보는 직원(員)을 말합니다. 그렇다면 공무(公務)란 무슨 뜻일까요? 국가나 공공단체 혹은 여러 사람의 공적(公的)인 일을 말합니다.

公(공적 공)의 반대는 사(私)입니다. 두 한자 속에 있는 厶(나 사)는 내 팔뚝을 그린 한자입니다. 자원을 찾아보니, 여러 가지 설 중에 '팔뚝(厶)에 있던 내 벼를 공평하게 반으로 나누어(八) 여럿이 함께한다'는 뜻이 있습니다. 우리와 국가를 위해 공평(公平)하게 나눈다는 뜻이니 혼자 독차지하면 안 됩니다. 이런 공적인 일을 맡아 하는 직원이 공무원입니다.

私(개인 사)는 벼(禾)를 팔뚝(厶)에 끼고 남에게 빼앗기지 않는다는 뜻으로, 함께 나눈다는 공(公)과는 반대입니다. 따라서 공사(公私)를 구분하지 못하면 패가망신하기 딱 좋지요. 내 것인지 아닌지 잘 구분해야 한다는 말입니다.

그러면 공무원에게 필요한 덕목은 무엇일까요? 과거에 국가가 잘 다스려지기 위해서는 상하관계가 유기적으로 움직여야 했습니다. 맨 위에 있는 임금이 지시하면 이것을 받아 벼슬아치가 백성을 다스리고 백성은 이에 잘 따르는 것이지요. 나랏일로 밤낮 고생하는 벼슬아치를 위해 백성은 세금을 바치고 벼슬아치는 그 세금으로 봉급을 받아갔습니다. 벼슬아치는 입고 있는 비단 옷과 맛난 음식들이 다 백성의 피와 땀에서 만들어진 것임을 알아야 합니다.

　오늘날 국민의 세금을 받아 일하는 공무원 역시 국민 없이는 존재할 수 없습니다. 국민의 피 같은 세금을 혈세(血稅)라고 표현합니다. 혈세가 줄줄 새어나가면 국민들의 삶이 힘들어집니다. 그러므로 공무원에게 가장 필요한 덕목은 공평무사(公平無私)입니다. 혹여 국민의 눈을 속일 수 있을지언정 저 하늘까지 속일 수는 없습니다. 언젠가는 진실이 드러나 천벌을 받는다는 뜻입니다.

上有麾之하고 中有乘之하고
상 유 휘 지　중 유 승 지

下有附之하여
하 유 부 지

幣帛衣之요 倉廩食之하니
폐 백 의 지　창 름 식 지

爾俸爾祿이 民膏民脂니라.
이 봉 이 록　민 고 민 지

下民은 易虐이어니와 上蒼은 難欺니라.
하 민　　이 학　　상 창　난 기

上有麾之 中有乘之
下有附之
幣帛衣之 倉廩食之
爾俸爾祿 民膏民脂
下民 易虐 上蒼 難欺

47

두려움에 굽히지 않는 충정

迎斧鉞而正諫하며
영 부 월 이 정 간

據鼎鑊而盡言이면
거 정 확 이 진 언

此謂忠臣也니라.
차 위 충 신 야

도끼로 맞더라도 임금에게 바른 길로 간하며
가마솥에 삶겨 죽더라도 옳은 말을 다하면
이를 충신이라 한다.

|한자 알기| ●迎 맞을 영 ●斧 도끼 부 ●鉞 도끼 월(부월斧鉞: 형벌)
●諫 간할 간 ●據 웅거할 거 ●鼎 (다리가 셋인) 솥 정
●鑊 가마 확(정확鼎鑊: 죄인을 삶아 죽이던 큰 가마솥) ●謂 이를 위

충신(忠臣) 하면 '충신은 불사이군(不事二君)', 즉 충성스런 신하는 두 왕을 섬기지 않는다는 말이 제일 먼저 생각납니다. 그렇다면 충신은 임금에게 어떤 존재일까요? 적어도 불의(不義)와 타협하지 않으며 아무리 극단적인 죽음이 눈앞에 있다 해도 눈 하나 깜짝하지 않는 정신의 소유자입니다. 그러다 보니 충신은 직언(直言)을 서슴지 않습니다. 임금은 당연히 듣기 싫겠지요? 달면 삼키고 쓰면 뱉는 것이 인지상정(人之常情)이니까요. 그래서 임금에게 듣기 싫은 직언을 한다는 것은 생각보다 쉽지 않습니다. 자칫 목숨이 날아갈 수 있기 때문이지요.

'임금은 바른말 하는 신하가 없음을 근심하지 말고, 바른말을 받아들이지 못함을 근심해야 한다'는 말이 있습니다. 그러나 이런 임금을 만나기란 쉽지 않습니다. 그나마 귀담아 들어주기라도 하면 다행입니다. 대부분 임금은 신하의 직언을 듣다가 그만 분노를 참지 못하고 폭발하는 일이 다반사입니다. 그러다 보니 신하는 임금의 비위를 맞출 수밖에 없습니다. 도끼로 맞는 형벌, 가마솥에 들어가는 형벌을 감수하며 직언을 할 수 있는 충신이 과연 얼마나 될까요?

충신들은 많은 시련에도 흔들리지 않는 정신을 보여주고 있습니다. "하늘은 그 사람을 크게 쓰기 전에 많은 시련과 고통을 준다"는 맹자의 말씀이 생각납니다. 《맹자》의 〈고자(告子) 편〉을 좀 더 읽어볼까요?

하늘이 장차 어떤 사람에게 큰일을 맡기려 할 때는
天將降大任於是人也(천장강대임어시인야)
반드시 먼저 그 마음을 괴롭히고
必先苦其心志(필선고기심지)

힘줄과 뼈를 고단하게 하며

勞其筋骨(노기근골)

그 육체를 굶주리게 하고

餓其體膚(아기체부)

생활을 궁핍하게 하여

空乏其身(공핍기신)

하는 일마다 어지럽게 한다.

行拂亂其所爲(행불란기소위)

그래서 마음을 분발하게 하고 성질을 참게 하여

所以動心忍性(소이동심인성)

그가 할 수 없던 일을 해낼 수 있게 하기 위함이다.

曾益其所不能(증익기소불능)

　역경이야말로 위대한 충신을 만드는 가장 중요한 요소로 하늘이 주신 선물입니다. 이런 고통 없이는 강인한 정신으로 무장할 수 없습니다. 진정 한 시대의 충신이 되고 싶다면, 피하고 싶지만 다가오는 시련을 참고 극복하는 힘을 길러야 합니다. 또한 자신을 낮추는 겸손의 자세도 반드시 갖춰야 하지요. 요즘 우리 사회를 지탱하는 공직자들에게 더욱 필요한 정신이 아닐까 조용히 생각해봅니다. 황금보다 귀한 직언을 할 수 있는 충신의 길은 멀고도 험합니다.

迎斧鉞而正諫하며
영 부 월 이 정 간

據鼎鑊而盡言이면
거 정 확 이 진 언

此謂忠臣也니라.
차 위 충 신 야

迎斧鉞而正諫

據鼎鑊而盡言

此謂忠臣也

子 曰 爲 善 者 天 報 之 以 福 爲

善 如 渴 聞 惡 如 聾 又 曰 善 事

廣 施 人 生 何 處 不 相 逢 讐 怨

於 我 善 者 我 亦 善 之 於 我 惡

於 我 無 惡 哉 ● 種 瓜 得 瓜 種

曰 死 生 有 命 富 貴 在 天 ● 太

子 何 孝 焉 ● 性 理 書 云 見 人

之 惡 而 尋 其 之 惡 如 此 方 是

孝 夫 無 煩 惱 是 妻 賢 言 多 語

爲 錢 ● 自 信 者 人 亦 信 之 吳

疑 之 身 外 皆 敵 國 花 落 花 開

必 常 富 貴 貧 家 未 必 長 寂 寞

凡 事 莫 怨 天 天 意 於 人 無 厚

轉 如 車 去 年 妄 取 東 隣 物 今

來 田 地 水 推 沙 若 將 狡 譎 爲

欲 知 其 君 先 視 其 臣 欲 識 其

蘇 東 坡 曰 無 故 而 得 千 金 不

甘 露 醉 後 添 盃 不 如 無 ● 酒

善 者 天 報 之 以 禍 ● 太 公 曰 見

貪 惡 事 莫 樂 ● 景 行 錄 曰 恩 義

結 路 逢 狹 處 難 回 避 ● 莊 子 曰

我 亦 善 之 我 既 於 人 無 惡 人 能

得 豆 天 網 恢 恢 疎 而 不 漏 ● 子

曰 孝 於 親 子 亦 孝 之 身 既 不 孝

善 而 尋 其 　　　　之 善 見 人

益 ● 父 不 　　　　憂 心 因 子

皆 因 酒 義 　　　　斷 親 疎 只

제19편
교우(交友)

者 兄 弟 自 　　　　疑 者 人 亦

又 落 錦 衣 布 衣 更 換 着 豪 家 未

人 未 必 上 青 推 必 塡 邱 壑 勸 君

● 堪 歎 人 心 毒 似 蛇 誰 知 天 眼

還 歸 北 舍 家 無 義 錢 財 湯 潑 雪

計 恰 似 朝 雲 募 落 花 ● 王 良 曰

乇 視 其 友 欲 知 其 父 先 視 其 ●

大 福 必 有 大 禍 ● 渴 時 一 滴 如

卒 人 人 自 醉 色 不 迷 人 人 自 迷

48

좋은 벗은 난초 향기와 같다

與善人居如入芝蘭之室하여
여 선 인 거 여 입 지 란 지 실

久而不聞其香하되 卽與之化矣요,
구 이 불 문 기 향   즉 여 지 화 의

與不善人居如入鮑魚之肆하여
여 불 선 인 거 여 입 포 어 지 사

久而不聞其臭하되 亦與之化矣니.
구 이 불 문 기 취   역 이 지 화 의

착한 사람과 더불어 지내면 향기로운 지초와
난초가 있는 방에 들어간 것과 같아서
오래되면 그 향기를 맡지 못하나
곧 더불어 그 향기와 동화되고,
착하지 못한 사람과 같이 있으면
생선 가게에 들어간 것과 같아서
오랫동안 그 나쁜 냄새를 맡지 못하나
또한 더불어 동화된다.

학창 시절 배운 한자성어 중에 근묵자흑(近墨者黑)이 있습니다. 검은 먹을 가까이 하다 보면 자신도 모르게 검어진다는 뜻으로, 나쁜 친구와 사귀면 나도 모르게 나쁜 물이 든다는 것을 비유한 말입니다. 환경이 참으로 중요하다는 것을 강조한 대표적인 한자성어지요. 왼편의 글도 바로 그런 뜻입니다.

먼저 첫 문장은 난초처럼 향기로운 사귐을 뜻하는 지란지교(芝蘭之交) 벗과의 고상한 사귐에 대해 이야기합니다. 다음 문장에서는 반대로 좋지 못한 사귐을 생선 가게에 나는 비린내에 비유하고 있습니다. 그 냄새가 처음에는 심하지만 점차 둔감해져서 저절로 동화된다는 무서운 이야기입니다. 이처럼 환경이 중요하다는 뜻을 지닌 고사성어로 남귤북지(南橘北枳)가 있습니다. 회수 남쪽에 심은 귤나무를 회수 북쪽에 옮겨 심으면 탱자나무로 변한다는 뜻으로, 환경에 따라 사람은 얼마든지 변할 수 있다는 것을 의미합니다.

인간은 사회적 동물이라고 합니다. 혼자서 따로 떨어져 살면 결코 행복해질 수 없습니다. 너와 나, 우리는 좋든 싫든 서로 연결되어 있고 감정을 주고받게 됩니다. 그래서 좋은 벗, 난초와 같은 향기로운 사귐은 매우 중요합니다.

프랑스 속담에 '포도주와 친구는 오래될수록 좋다'는 말이 있습니다.

좋은 친구를 사귈 수 있는 공간으로는 학교가 대표적입니다. 우리는 학교에서 또래 친구들과 어울려 지내면서 상상할 수 없을 정도로 많은 경험을 합니다. 그러면 친구를 뜻하는 한자에 대해 알아볼까요?

 友(벗 우)는 친구의 손(𠂇)과 나의 손(又)이 서로 맞잡고 있는 한자입니다. 어렸을 적에 친구와 이렇게 손잡고 걸었던 추억이 있을 겁니다.

친구와의 우정(友情)은 아무 말 없이 다가와 따뜻하게 잡아주는 손과 같습니다. 힘들다고 말하지 않아도 눈으로, 마음으로 이미 통하지요. 만약 십년지기(十年知己)를 넘어 삼십년지기(三十年知己)가 되고 싶다면 따뜻한 말 한마디와 꼭 잡은 손, 그것이면 충분합니다.

與善人居如入芝蘭之室하여
여 선 인 거 여 입 지 란 지 실

久而不聞其香하되 卽與之化矣요,
구 이 불 문 기 향 　 즉 여 지 화 의

與不善人居如入鮑魚之肆하여
여 불 선 인 거 여 입 포 어 지 사

久而不聞其臭하되 亦與之化矣니.
구 이 불 문 기 취 　 역 이 지 화 의

與善人居如入芝蘭之室

久而不聞其香 卽與之化矣

與不善人居如入鮑魚之肆

久而不聞其臭 亦與之化矣

49

힘들 때 등을 기댈 수 있는 친구

酒食兄弟는 千個有로되
주 식 형 제 　 천 개 유

急難之朋은 一個無니라.
급 난 지 붕 　 일 개 무

술이나 밥 먹을 때
형이니 동생이니 하는 친구는
천 명이나 되는데
급하고 어려운 일을 당했을 때
도와줄 친구는 한 명도 없다.

│한자 알기│ ●個 낱개 개 ●難 어려울 난

　세상인심이 따스한 듯 냉정하다고 합니다. 평소에 죽이 잘 맞아 매일
만나서 맛난 음식을 먹으며 수다를 떨고 헤어지기 아쉬워하던 사이였는
데, 막상 내가 힘들어졌을 때 연락을 끊거나 안면을 몰수하고 딴사람처

럼 행동하면 그 당혹감은 겪어보지 않으면 모릅니다. 그런데 그것이 인생이라고 생각하니 참으로 서글퍼집니다.

원편의 글은 바로 이런 상황을 이야기합니다. 예나 지금이나 이런 일이 다반사였나 봅니다. 함께 술 마시고 노래 부르는 친구는 많은데 나의 어려움을 함께할 친구가 없다고 생각하니 갑자기 쓸쓸해집니다. 당송팔대가(당나라와 송나라의 뛰어난 문장가 여덟 명) 한유(韓愈)는 절친한 사이였던 유종원(柳宗元)이 죽자 다음과 같은 묘비문을 썼습니다.

사람이란 곤경에 처했을 때 비로소 절의가 나타나는 법이다.
평소에는 서로가 그리워하고 술자리를 마련해 부르곤 한다.
어디 그뿐인가. 간과 쓸개를 꺼내 보이고〔肝膽相照(간담상조)〕
눈물을 흘리며 죽더라도 절대 배신하지 말자고 맹세한다.
말은 그럴듯 하지만 한 올 머리카락 같은 이해관계가 생기면
눈을 부라리고 등을 돌리고 안면을 바꾼다
게다가 함정에 빠져도 손을 내밀어 구해주기는커녕
오히려 더 깊이 밀어 넣고 돌까지 던지는〔落穽下石(낙정하석)〕
인간이 세상 곳곳에 널려 있다.

간담상조(肝膽相照)하던 친구들이 내가 어려운 일을 당하면 오히려 낙정하석(落穽下石)하는 세태를 한탄한 묘비문입니다. 이 글이 현재를 사는 우리들의 마음에 와 닿는 것은 지금과 다르지 않기 때문일 것입니다.

달을 보고 맹세하던 그 친구들은 어디서 무엇을 하고 있을까요? 학창시절을 풍요롭게 해주었던 친구들은 다 어디에 있을까요? 교환일기를

쓰면서 마음 깊은 곳 어두운 사연도 털어놓았던 친구들, 영원히 변치 않을 거라며 맹세하던 그 우정은 시간이 흐르면서 연기처럼 사라진 것은 아닌지……. 연락하려니 전화번호도 모르고, 안다 해도 쑥스러워 번호를 누르지 못하니 후회가 밀려듭니다. 우정(友情)을 끝까지 지키며 변하지 않고 지내기가 이토록 쉽지 않습니다.

酒食兄弟는 千個有로되
주 식 형 제   천 개 유

急難之朋은 一個無니라.
급 난 지 붕   일 개 무

酒食兄弟 千個有
急難之朋 一個無

子	曰	爲	善	者	天	報	之	以	福	爲	不
善	如	渴	聞	惡	如	聾	又	曰	善	事	須
廣	施	人	生	何	處	不	相	逢	讐	怨	莫
於	我	善	者	我	亦	善	之	於	我	惡	者
於	我	無	惡	哉	●	種	瓜	得	瓜	種	豆
曰	死	生	有	命	富	貴	在	天	●	太	公
子	何	孝	焉	●	性	理	書	云	見	人	之
之	惡	而	尋	其	之	惡	如	此	方	是	有
孝	夫	無	煩	惱	是	妻	賢	言	多	語	失
爲	錢	●	自	信	者	人	亦	信	之	吳	越
疑	之	身	外	皆	敵	國	花	落	花	開	開
必	常	富	貴	貧	家	未	必	長	寂	寞	扶
凡	事	莫	怨	天	天	意	於	人	無	厚	薄
轉	如	車	去	年	妄	取	東	隣	物	今	日
來	田	地	水	推	沙	若	將	狡	譎	爲	生
欲	知	其	君	先	視	其	臣	欲	識	其	人
蘇	東	坡	曰	無	故	而	得	千	金	不	有
甘	露	醉	後	添	盃	不	如	無	●	酒	

제25편 권학(勸學)

善 者 天 報 之 以 禍 ● 太 公 曰 見
貪 惡 事 莫 樂 ● 景 行 錄 曰 恩 義
結 路 逢 狹 處 難 回 避 ● 莊 子 曰
我 亦 善 之 我 既 於 人 無 惡 人 能
得 豆 天 網 恢 恢 疏 而 不 漏 ● 子
曰 孝 於 親 子 亦 孝 之 身 既 不 孝
善 而 尋 其 　 　 　 之 善 見 人
益 ● 父 不 　 　 　 憂 心 因 子
者 因 酒 義 　 　 　 斷 親 疏 只
者 兄 弟 自 　 　 　 疑 者 人 亦
又 落 錦 衣 布 衣 更 換 着 豪 家 未
人 未 必 上 青 推 必 塡 邱 壑 勸 君
● 堪 歎 人 心 毒 似 蛇 誰 知 天 眼
還 歸 北 舍 家 無 義 錢 財 湯 潑 雪
計 恰 似 朝 雲 募 落 花 ● 王 良 曰
毛 視 其 友 欲 知 其 父 先 視 其 ●
大 福 必 有 大 禍 ● 渴 時 一 滴 如
卒 人 人 自 醉 色 不 迷 人 人 自 迷

50

배움에는 때가 있다

朱子曰
주 자 왈

勿謂今日不學而有來日하며
물 위 금 일 불 학 이 유 내 일

勿謂今年不學而有來年이라.
물 위 금 년 불 학 이 유 내 년

日月逝矣나歲不我延이니
일 월 서 의 세 불 아 연

嗚呼老矣라是誰之愆고.
오 호 노 의 시 수 지 건

주자가 말하기를,
"오늘 배우지 아니하고서 내일이 있다고 말하지 말며
올해 배우지 아니하고서 내년이 있다고 말하지 말라.
해와 달은 흘러가나니 세월은 나를 위해 기다려주지 않는다.
아, 늙었구나. 이 누구의 잘못인고."

236

| 한자 알기 | ●勿 말라 물 ●逝 갈 서 ●延 늘릴 연
●嗚呼(오호) 감탄사 ●愆 허물, 잘못 건

　반 친구들과 합창하듯 외웠던 주자의 권학문(勸學文) "물위금일불학
이유래일하고……"를 기억하시나요? 만약 기억난다면 꽤 오래전에 학
교를 졸업했다는 증거입니다. 무조건 외우고 시험을 봤던 시절에 너나
없이 외웠던 권학문을 다시 꺼내 한번 천천히 읽어봅시다.

　이 권학문은 《명심보감》 증보 편에 실린 것이나 워낙 좋은 내용이라
이 책의 마지막에 화룡점정(畵龍點睛)으로 넣었습니다.

　공부는 때가 있나 봅니다. 지금 외우라고 하면 잘 외워지지 않을 것
같은데, 그 오래전에 외운 문장이 지금도 기억납니다. 며칠 전 외운 가
사는 잊어버렸는데 초등학교 때 외운 가사는 아직도 기억하고 있으니,
기억이란 참 별납니다.

　그래서 기억력이 좋을 때 열심히 공부하라는 말을 듣지만 그때는 잘
모릅니다. 그저 시험을 봐야 하니까 공부하곤 했습니다. 뭐, 좋아서 공
부한 사람이 있다면 분명 지금쯤 성공해 있을 확률이 높습니다.

　그만큼 어렸을 적 공부는 고문에 가까웠지요. 돌이켜 생각해보니 어
른들 말씀이 틀린 게 없습니다. "공부는 때가 있느니라." 그때는 공부하
라는 잔소리인 줄 알았는데 아니었네요.

少年은 易老하고 學難成하니 一寸光陰이라도 不可輕하라.
소 년　 이 로　　 학 난 성　　 일 촌 광 음　　　 불 가 경

237

소년은 늙기 쉽고, 학문은 이루기 어렵다.
짧은 시간이라도 가벼이 여기지 말라.

젊었을 적에 부지런히 공부하기를 바라는 주자의 간절함이 느껴집니다. 중국 송(宋)나라 진종(眞宗) 황제는 책 속에 기름진 논밭이 있고, 화려한 집이 있고, 옥처럼 고운 미녀가 있으니 부지런히 공부하라고 했습니다. 이제 100세 시대이니 우리 모두 젊은 시절을 보내고 있는 게 아닙니까? 책 속에 길이 있고, 미래가 있고, 돈이 있습니다. 나이는 숫자에 불과할 뿐입니다. 그러니 우리 모두 열심히 공부합시다.

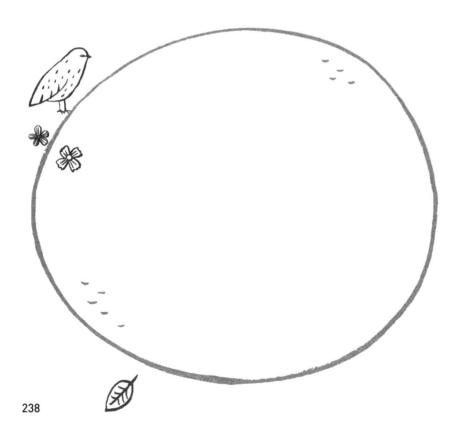

朱子曰
주 자 왈

勿謂今日不學而有來日하며
물 위 금 일 불 학 이 유 내 일

勿謂今年不學而有來年이라.
물 위 금 년 불 학 이 유 내 년

日月逝矣나 歲不我延이니
일 월 서 의 세 불 아 연

嗚呼老矣라 是誰之愆고.
오 호 노 의 시 수 지 건

朱子曰
勿謂今日不學而有來日
勿謂今年不學而有來年
日月逝矣 歲不我延
嗚呼老矣 是誰之愆

子　曰　爲　善　者　天　報　之　以　福　爲
善　如　渴　聞　惡　如　聾　又　曰　善　事
廣　施　人　生　何　處　不　相　逢　讐　怨
於　我　善　者　我　亦　善　之　於　我　惡
於　我　無　惡　哉　●　種　瓜　得　瓜　種
曰　死　生　有　命　富　貴　在　天　●　太
子　何　孝　焉　●　性　理　書　云　見　人
之　惡　而　尋　其　之　惡　如　此　方　是
孝　夫　無　煩　惱　是　妻　賢　言　多　語
爲　錢　●　自　信　者　人　亦　信　之　吳
疑　之　身　外　皆　敵　國　花　落　花　開
必　常　富　貴　貧　家　未　必　長　寂　寞
凡　事　莫　怨　天　天　意　於　人　無　厚
轉　如　車　去　年　妄　取　東　隣　物　今
來　田　地　水　推　沙　若　將　狡　譎　爲
欲　知　其　君　先　視　其　臣　欲　識　其
蘇　東　坡　曰　無　故　而　得　千　金　不
大　禍　●　渴　時　一　滴　如　甘　露　醉

부록

명심보감

(明心寶鑑)

전문

善 者 天 報 之 以 禍 ● 太 公 曰 見

貪 惡 事 莫 樂 ● 景 行 錄 曰 恩 義

結 路 逢 狹 處 難 回 避 ● 莊 子 曰

我 亦 善 之 我 既 於 人 無 惡 人 能

得 豆 天 網 恢 恢 疎 而 不 漏 ● 子

曰 孝 於 親 子 亦 孝 之 身 既 不 孝

善 而 尋 其 　 之 善 見 人

益 ● 父 不 　 憂 心 因 子

皆 因 酒 義 　 斷 親 疎 只

皆 兄 弟 自 　 疑 者 人 亦

又 落 錦 衣 布 衣 更 換 着 豪 家 未

人 未 必 上 靑 推 必 塡 邱 壑 勸 君

● 堪 歎 人 心 毒 似 蛇 誰 知 天 眼

還 歸 北 舍 家 無 義 錢 財 湯 潑 雪

十 恰 似 朝 雲 募 落 花 ● 王 良 曰

視 其 友 欲 知 其 父 先 視 其 ●

福 必 有

盃 不 如 無 ● 酒 不 醉 人 人 自

• 일러두기 : 부록에서는 증보 편을 제외한 명심보감 전문을 다룹니다.

1 | 계선(繼善) 편

1. 공자가 말하기를, "착한 일을 하는 사람에게는 하늘이 복으로 갚고 악한 일을 하는 사람에게는 하늘이 재앙으로 갚는다."

子曰 爲善者는 天報之以福하고 爲不善者는 天報之以禍니라.
자왈위선자 천보지이복 위불선자 천보지이화

2. 한나라 소열황제가 임종할 때 후주에게 말하기를, "선이 작다고 해서 아니 하지 말며, 악이 작다고 해서 하지 말라."

漢昭烈이 將終에 勅後主曰 勿以善小而不爲하고 勿以惡小而爲之하라.
한소열 장종 칙후주왈 물이선소이불위 물이악소이위지

3. 장자가 말하기를, "하루라도 착한 일을 생각지 않으면 모든 악한 것이 저절로 일어난다."

莊子曰 一日不念善이면 諸惡이 皆自起니라.
장자왈일일불념선 제악 개자기

4. 태공이 말하기를, "선한 것을 보면 목마른 것처럼 하고, 악한 것을 들으면 귀먹은 것처럼 하라." 또 말하길, "착한 일은 모름지기 탐내야 하며, 나쁜 일은 즐겨 하지 말라."

太公이 曰 見善如渴하고 聞惡如聾하라. 又曰 善事는 須貪하고 惡事는 莫樂하라.
태공 왈견선여갈 문악여롱 우왈선사 수탐 악사 막락

5. 마원이 말하기를, "한평생 착한 일을 해도 착한 일은 오히려 부족하고 단 하루 악한 일을 해도 악은 스스로 남아 있다."

馬援이 曰 終身行善이라도 善猶不足이요 一日行惡이라도 惡自有餘니라.
마원 왈종신행선 선유부족 일일행악 악자유여

6. 사마온공이 말하기를, "돈을 쌓아서 자손에게 물려줘도 자손이 반드시 다 지킬 수 있는 것은 아니다. 책을 모아서 자손에게 남겨준다 해도 자손이 반드시 다 읽는 것은 아니다. 남모르게 음덕을 쌓아서 자손을 위한 계

획으로 삼는 것만 못하다."

司馬溫公이 曰 積金以遺子孫이라도 未必 子孫이 能盡守요 積書以遺子孫이라도
사마온공   왈적금이유자손   미필자손   능진수   적서이유자손

未必 子孫이 能盡讀이니 不如 積陰德於冥冥之中하여 以爲子孫之計也니라.
미필자손   능진독   불여적음덕어명명지중   이위자손지계야

7. 경행록에 말하기를, "은혜와 의리를 널리 베풀어라. 살다 보면 어느 곳
에선들 서로 만나지 않겠는가? 원수와 원망을 맺지 마라. 좁은 길에서 만
나면 회피하기 어렵다."

景行錄曰 恩義를 廣施하라. 人生何處不相逢이라. 讐怨을 莫結하라.
경행록왈 은의   광시   인생하처불상봉   수원   막결

路逢 狹處면 難回避니라.
노봉협처   난회피

8. 장자가 말하기를, "나에게 착한 일을 하는 자에게도 나 또한 착하게 하
고, 나에게 악한 일을 하는 자에게도 나 또한 착하게 할 것이다. 내가 이미
남에게 악한 짓을 하지 않으면 남도 나에게 악하게 할 수 없을 것이다."

莊子曰 於我善者도 我亦善之하고 於我惡者도 我亦善之니라.
장자왈 어아선자   아역선지   어아악자   아역선지

我旣於人에 無惡이면 人能 於我에 無惡哉인저.
아기어인   무악   인능 어아   무악재

9. 동악성제가 훈계를 내려 말하기를, "하루 착한 일을 실천해도 비록 복은
오지 않지만 화는 저절로 멀어진다. 하루 악한 일을 저지르면 화는 비록 오지
않지만 복은 저절로 멀어진다. 선을 행하는 사람은 봄 동산의 풀과 같아 자라
나는 것이 보이지 않으나 나날이 늘어나고, 악을 행하는 사람은 칼을 가는 숫
돌과 같아서 갈려서 닳아 없어지는 것은 보이지 않아도 나날이 이지러진다."

東岳聖帝垂訓曰 一日行善이라도 福雖未至나 禍自遠矣요
동악성제수훈왈 일일행선   복수미지   화자원의

一日行惡이라도 禍雖未至나 福自遠矣니라.
일 일 행 악   화 수 미 지   복 자 원 의

行善之人은 如春園之草하여 不見其長이라도 日有所增하고
행 선 지 인   여 춘 원 지 초   불 견 기 장   일 유 소 증

行惡之人은 如磨刀之石하여 不見其損이라도 日有所虧니라.
행 악 지 인   여 마 도 지 석   불 견 기 손   일 유 소 휴

10. 공자가 말하기를, "착한 것을 보거든 미치지 못하는 것과 같이 하고 악한 것을 보거든 끓는 물을 만지는 것과 같이 하라."

子曰 見善如不及하고 見不善如探湯하라.
자 왈 견 선 여 불 급   견 불 선 여 탐 탕

2 │ 천명(天命) 편

1. 공자가 말하기를, "하늘에 순응하는 자는 살아남고, 하늘을 거역하는 자는 망한다."

子曰 順天者는 存하고 逆天者는 亡이니라.
자 왈 순 천 자 존   역 천 자 망

2. 강절 소옹 선생이 말하기를, "하늘의 들으심이 고요하여 소리가 없네. 푸르고 푸른데 어느 곳에서 찾을 것인가? 높지도 않고 또한 멀리 있지도 않나니, 모두 다만 사람의 마음속에 있다."

康節邵先生이 曰 天聽이 寂無音하니 蒼蒼何處尋고.
강 절 소 선 생   왈 천 청 적 무 음   창 창 하 처 심

非高亦非遠이라. 都只在人心이니라.
비 고 역 비 원   도 지 재 인 심

3. 현제께서 말하기를, "인간의 사사로운 말이라도 하늘이 듣는 것은 우레와 같으며 어두운 방에서 마음을 속여도 귀신의 눈은 번개와 같다."

玄帝垂訓에 曰 人間私語라도 天聽은 若雷하고 暗室欺心이라도 神目은 如電이니라.
현제수훈 왈인간사어　천청 약뢰　암실기심　신목 여전

4. 익지서에 이르기를 "나쁜 마음이 가득 차면 하늘이 반드시 죽일 것이다."

益智書에 云 惡鑵이 若滿이면 天必誅之니라.
익지서　운악관　약만　천필주지

5. 장자가 말하기를, "만일 착하지 못한 일을 해서 이름을 세상에 나타낸 자는 사람이 비록 해치지 않더라도 하늘이 반드시 죽일 것이다."

莊子曰 若人 作不善하야 得顯名者는 人雖不害나 天必戮之니라.
장자왈 약인 작불선　득현명자　인수불해　천필륙지

6. 오이를 심으면 오이를 얻고, 콩을 심으면 콩을 얻는다. 하늘의 그물은 넓고 넓어서 성글기는 하나 새어나가지 못한다.

種瓜得瓜요, 種豆得豆라. 天網이 恢恢하여 疎而不漏니라.
종과득과　종두득두　천망　회회　소이불루

7. 공자가 말하기를, "악한 일을 하여 하늘에 죄를 얻으면 빌 곳이 없다."

子曰 獲罪於天이면 無所禱也니라.
자왈 획죄어천　무소도야

3 ｜ 순명(順命) 편

1. 공자가 말하기를, "생사는 천명에 달려 있고, 부귀는 하늘에 달려 있다."

子曰 死生有命이요 富貴在天이라.
자왈 사생유명　부귀재천

2. 모든 일은 분수가 이미 정해져 있는데 세상 사람들이 부질없이 스스로 바쁘게 움직인다.

萬事分已定이어늘 浮生空自忙이니라.
만사분이정　부생공자망

3. 경행록에서 말하길 "화는 요행으로는 면할 수 없고 복은 두 번 다시 구할 수 없다."

景行錄에 云 禍不可倖免이요 福不可再求니라.
경 행 록   운 화 불 가 행 면   복 불 가 재 구

4. 때가 되니 바람이 등왕각으로 보내고 운이 물러나니 벼락이 천복비를 때렸다.

時來風送滕王閣이요 運退雷轟薦福碑라.
시 래 풍 송 등 왕 각   운 퇴 뢰 굉 천 복 비

5. 열자가 말하기를, "어리석고 귀먹고 고질병이 있고 벙어리라도 집은 큰 부자요, 지혜롭고 총명해도 오히려 가난하게 된다. 운수는 연월일시에 따라 분명히 정해져 있으니 계산해보면 운명에 달린 것이지 사람에 달린 것은 아니다."

列子曰 痴聾痼啞도 家豪富요 智慧聰明도 却受貧 年月日時 該載定하니
열 자 왈 치 롱 고 아   가 호 부   지 혜 총 명   각 수 빈 연 월 일 시 해 재 정

算來由命不由人이니라.
산 래 유 명 불 유 인

4 | 효행(孝行) 편

1. 시경에 이르기를 "아버지 나를 낳으시고 어머니 나를 기르시니, 아아, 애달프다 부모님이시여. 나를 낳아 기르시느라 애쓰고 수고하시었네. 그 은혜를 갚고자 하니 넓은 하늘처럼 끝이 없다."

時曰 父兮生我하시고 母兮鞠我하시니 哀哀父母여. 生我劬勞로다.
시 왈 부 혜 생 아   모 혜 국 아   애 애 부 모   생 아 구 로

欲報深恩이니 昊天罔極이로다.
욕 보 심 은   호 천 망 극

2. 공자가 말하기를, "효자가 어버이를 섬김에 모시고 살 때는 공경을 다하고, 봉양할 때는 즐거움을 다하며, 병드시면 근심을 다하고, 돌아가시면 슬픔을 다하며, 제사 지낼 때는 엄숙함을 다해야 한다."

子曰 孝子之事親也는 居則致其敬하고 養則致其樂하고
자왈 효자지사친야 거즉치기경   양즉치기락

病則致其憂하고 喪則致其哀하고 祭則致其嚴이니라.
병즉치기우   상즉치기애   제즉치기엄

3. 공자가 말하기를, "부모가 살아 계시면 멀리 나가지 않으며 나가더라도 반드시 방향(장소)이 있어야 한다."

子曰 父母在어시든 不遠遊하며 遊必有方이니라.
자왈 부모재   불원유   유필유방

4. 공자가 말하기를, "아버지가 부르시면 즉시 대답하여 머뭇거리지 말며, 음식이 입에 있거든 뱉고 달려가야 한다."

子曰 父命召어시든 唯而不諾하고 食在口則吐之니라.
자왈 부명소   유이불낙   식재구즉토지

5. 태공이 말하기를, "부모에게 효도하면 자식이 또한 효도하나니, 자신이 이미 효도하지 않았는데 자식이 어찌 효도하겠는가?"

太公이 曰 孝於親하면 子亦孝之하니 身旣不孝하면 子何孝焉이리오.
태공 왈 효어친   자역효지   신기불효   자하효언

6. 효도하고 순종하는 자는 효도하고 순종하는 자식을 낳고, 오역하는 자는 오역하는 자식을 낳을 것이다. 믿어지지 않거든 저 처마 끝의 물을 보라. 한 점 한 점의 물방울이 조금도 어긋남이 없이 떨어진다.

孝順은 還生孝順子하고 五逆은 還生五逆兒하니 不信커든 但看簷頭水하라.
효순 환생효순자   오역 환생오역아   불신   단간첨두수

點點滴滴 不差移니라.
점점적적 불차이

* 五逆兒(오역아) : 임금, 아버지, 어머니, 할아버지, 할머니를 죽인 자식.

5 | 정기(正己) 편

1. 성리서에 이르기를, "남의 착한 것을 보고 나의 착한 것을 찾고, 남의 악한 것을 보고 나의 악한 것을 찾아야 한다. 이렇게 해야 바야흐로 유익함이 있을 것이다."

性理書에 云 見人之善而尋其之善하고 見人之惡而尋其之惡이니
성리서   운견인지선이심기지선   견인지악이심기지악

如此면 方是有益이니라.
여차   방시유익

2. 경행록에 이르기를, "대장부는 마땅히 남을 용서할지언정 남의 용서를 받는 사람이 되지 말아야 한다."

景行錄에 云大丈夫當容人이언정 無爲人所容이니라.
경행록   운대장부당용인   무위인소용

3. 태공이 말하기를, "나를 귀하게 생각하면서 남을 천하게 여기지 말라. 자기가 크다고(잘났다고) 해서 남의 못난 것을 업신여기지 말라. 자기의 용맹을 믿고서 적을 가볍게 여기지 말라."

太公曰 勿以貴己而賤人하고 勿以自大而蔑小하고 勿以恃勇而輕敵이니라.
태공왈 물이귀기이천인   물이자대이멸소   물이시용이경적

4. 마원이 말하기를, "남의 허물을 들으면 부모의 이름을 듣는 것과 같이 하여 귀로 들려도 입으로는 말하지 말라."

馬援이 日聞人之過失이어든 如聞父母之名하여 耳可得聞이언정 口不可言也니라.
마원   왈문인지과실   여문부모지명   이가득문   구불가언야

5. 강절 소옹 선생이 말하기를, "남의 비방을 들어도 성내지 말며 남의 좋은 소문을 들어도 기뻐하지 말라. 남의 악한 것을 듣더라도 이에 동조하지 말며 남의 착한 것을 듣거든 바로 달려가 화답하고 또 함께 기뻐하라."
그의 시에 이렇게 썼다.

"착한 사람 보기를 즐겨 하며, 착한 일 듣기를 즐겨 하며
착한 말 이르기를 즐겨 하며, 착한 뜻 행하기를 즐겨 하라.
남의 악한 것을 듣거든 가시를 등에 진 것처럼 하고
남의 착한 것을 듣거든 난초를 몸에 지닌 것처럼 하라."

康節邵先生이 曰 聞人之謗이라도 未嘗怒하며
강절소선생   왈 문인지방   미상노

聞人之譽라도 未嘗喜하며 聞人之惡이라도 未嘗和하며
문인지예   미상희   문인지악   미상화

聞人之善則就而和之하고 又從而喜之니라.
문인지선즉취이화지   우종이희지

其時에 曰 樂見善人하며 樂聞善事하며 樂道善言하고 樂行善意하라.
기시   왈 낙견선인   낙문선사   낙도선언   낙행선의

聞人之惡이어든 如負芒刺하고 聞人之善이어든 如佩蘭蕙니라.
문인지악   여부망자   문인지선   여패란혜

6. 나의 좋은 점을 말해주는 사람은 나의 적이요, 나의 나쁜 점을 말해주는 사람은 나의 스승이다.

道吾善者는 是吾賊이요 道吾惡者는 是吾師니라.
도오선자   시오적   도오악자   시오사

7. 태공이 말하기를, "근면은 값을 매길 수 없는 보배요, 신중함은 몸을 보호하는 부적이다."

太公이 曰 勤爲無價之寶요 愼是護身之符니라.
태공   왈 근위무가지보   신시호신지부

8. 경행록에 이르기를, "삶을 보전하려는 자는 욕심을 적게 하고, 몸을 보전하려는 자는 명예를 피하라. 욕심을 없애기는 쉬우나 명예를 없애기는 어렵다."

景行錄에 曰 保生者는 寡慾하고 保身者는 避名이니 無慾은 易나 無名은 難이니라.
경행록   왈 보생자   과욕   보신자   피명   무욕   이   무명   난

9. 공자가 말하기를, "군자는 세 가지 경계할 것이 있다. 연소할 때는 혈기

가 정해지지 않았으니 여색을 경계해야 한다. 몸이 장성하면 혈기가 바야 흐로 강성해지니 싸움을 경계하라. 몸이 늙어지면 혈기가 이미 쇠해졌으니 재물 얻는 것을 경계하라."

子曰君子有三戒하니少之時에血氣未定이니戒之在色하라.
자 왈 군 자 유 삼 계　소 지 시　혈 기 미 정　계 지 재 색

及其長也에血氣方剛이니戒之在鬪하라.
급 기 장 야　혈 기 방 강　계 지 재 투

及其老也에血氣旣衰이니戒之在得이니라.
급 기 노 야　혈 기 기 쇠　계 지 재 득

10. 손진인의 양생명에 이르기를 "심하게 성내면 기운을 상하게 하고, 생각이 많으면 정신을 크게 손상시킨다. 정신이 피로하면 마음도 쉽게 수고로워지고, 기가 약하면 병이 생겨난다. 슬픔과 기쁨을 극심하게 느끼지 말라. 음식은 마땅히 고르게 먹고 밤에 술에 취하지 말며, 첫째로 새벽녘에 성내는 것을 경계하라."

孫眞人養生銘에云怒甚偏傷氣요,思多太損神이라.
손 진 인 양 생 명　운 노 심 편 상 기　사 다 태 손 신

神疲心易役이요,氣弱病相因이라.
신 피 심 이 역　기 약 병 상 인

勿使悲歡極하고當令飮食均하며再三防夜醉하고第一戒晨嗔하라.
물 사 비 환 극　당 령 음 식 균　재 삼 방 야 취　제 일 계 신 진

11. 경행록에 이르기를, "음식이 담백하면 마음이 상쾌하고, 마음이 맑으면 잠자리도 절로 편안하다."

景行錄에曰食淡精神爽이요心淸夢寐安이니라.
경 행 록　왈 식 담 정 신 상　심 청 몽 매 안

12. 마음을 바르게 하여 모든 일에 대응하면 비록 글을 읽지 않았더라도 덕이 있는 군자가 될 수 있다.

定心應物하면雖不讀書라도可以爲有德君子이니라.
정 심 응 물　수 불 독 서　가 이 위 유 덕 군 자

13. 근사록에 이르기를, "분노를 징계하기를 불길을 끄는 것같이 하고, 욕심 막기를 물을 막듯이 하라."

近思錄에 云 懲忿을 如救火하고 窒慾을 如防水하라.
근사록　운 징 분　여 구 화　　질 욕　여 방 수

14. 이견지에 말하기를, "여색 피하기를 원수 피하는 것과 같이 하고 바람을 피하기를 날아오는 화살 피하는 것과 같이 하라. 빈속에 차를 마시지 말고 밤중에 밥을 적게 먹어라."

夷堅志에 云 避色을 如避讐하고 避風을 如避箭하라.
이 견 지　운 피 색　여 피 수　　피 풍　여 피 전

莫喫空心茶하고 小食中夜飯하라.
막 끽 공 심 다　　소 식 중 야 반

15. 순자가 말하기를, "쓸데없는 말과 급하지 않은 일은 버려두고 다스리지 말라."

荀子曰 無用之辯과 不急之察을 棄而勿治하라.
순 자 왈 무 용 지 변　불 급 지 찰　기 이 불 치

16. 공자가 말하기를, "많은 사람이 미워하더라도 반드시 살펴야 하며, 많은 사람이 좋아하더라도 반드시 살펴야 한다."

子曰 衆好之라도 必察焉하며 衆惡之라도 必察焉하라.
자 왈 중 호 지　　필 찰 언　중 오 지　　필 찰 언

17. 술 취한 중에도 말이 없음은 참다운 군자요, 재물에 대하여 분명함은 대장부이다.

酒中不語는 眞君子요 財上分明은 大丈夫이니라.
주 중 불 어　진 군 자　재 상 분 명　대 장 부

18. 모든 일에 너그러움을 따르면 그 복이 절로 두터워진다.

萬事從寬이면 其福自厚이니라.
만 사 종 관　　기 복 자 후

19. 태공이 말하기를, "다른 사람을 헤아리고자 한다면 먼저 <u>스스로를</u> 헤아려보아라. 남을 해치는 말은 도리어 <u>스스로를</u> 해치는 것이니 피를 머금어 남에게 뿜으려면 먼저 자기의 입을 더럽혀야 한다."

太公이 曰 慾量他人인대 先須自量하라.
태공 왈 욕량타인 선수자량

傷人之語는 還是自傷이니 含血噴人이면 先汚其口니라.
상인지어 환시자상 함혈분인 선오기구

20. 모든 유희는 이익이 없고 오직 근면만이 성공이 있다.

凡戱는 無益이요 惟勤이 有功이니라.
범희 무익 유근 유공

21. 태공이 말하기를, "오이밭에서 신발을 고쳐 신지 말고 자두나무 아래에서는 갓을 고쳐 쓰지 말라."

太公이 曰 瓜田不納履하고 李下不整冠이라.
태공 왈 과전불납리 이하부정관

22. 경행록에 이르기를, "마음은 편할지언정 육신은 수고롭지 않을 수 없다. 도는 즐길지언정 마음은 걱정하지 않을 수 없다. 육신은 수고롭게 하지 않으면 게을러서 허물어지기 쉽고 마음이 걱정하지 않으면 주색에 빠져서 행동이 일정하지 않다. 그러므로 편안함은 수고로움에서 생겨 항상 기쁠 수 있고 즐거움은 근심하는 데서 생겨 싫증이 없으니 편안하고 즐거운 자가 근심과 수고로움을 어찌 잊을 수 있겠는가?"

景行錄日 心可逸이언정 形不可不勞요 道可樂이언정 心不可不憂니라.
경행록 왈 심가일 형불가불로 도가락 심불가불우

形不勞則怠惰易弊하고 心不憂則荒淫不定 故로
형불로즉태타이페 심불우즉황음부정고

逸生於勞而常休하고 樂生於憂而無厭하니
일생어로이상휴 낙생어우이무염

逸樂者는 憂勞를 豈可忘乎아.
일락자 우로 기가망호

23. 귀로는 남의 그릇됨을 듣지 않고, 눈으로는 남의 단점을 보지 않으며, 입으로는 남의 허물을 말하지 않아야 거의 군자에 가깝다.

耳不聞人之非하고 目不視人之短하며 口不言人之過라야 庶幾君子니라.
이 불 문 인 지 비   목 불 시 인 지 단   구 불 언 인 지 과   서 기 군 자

24. 채백개가 말하기를, "기뻐하고 노여워하는 것은 마음속에 있고, 말은 입 밖으로 나가는 것이니 삼가지 아니할 수 없다."

蔡伯皆曰 喜怒는 在心하고 言出於口하니 不可不慎이니라.
채 백 개 왈 희 노   재 심   언 출 어 구   불 가 불 신

25. 재여가 낮잠을 자고 있자 공자가 말씀하셨다. "썩은 나무는 조각하지 못하고, 썩은 흙으로 만든 담은 흙손질을 못한다."

宰予晝寢이어늘 子曰 朽木은 不可雕也요 糞土之墙은 不可圬也니라.
재 여 주 침   자 왈 후 목 불 가 조 야   분 토 지 장   불 가 오 야

26. 자헌원군의 성유심문에서 말하기를,
"복은 청렴과 검소함에서 생기고
덕은 겸손과 사양에서 생기며,
도는 편안하고 고요한 데서 생기고,
생명은 마음이 온화한 데서 생긴다.
근심은 욕심이 많은 데서 생기고,
재앙은 탐욕이 많은 데서 생기며,
잘못은 경솔하고 교만한 데서 생기고,
죄악은 어질지 못한 데서 생긴다.

눈을 경계하여 남의 잘못된 것을 보지 말고,
입을 경계하여 남의 결점을 말하지 말고,
마음을 경계하여 탐내고 성내지 말며,
몸을 경계하여 나쁜 벗을 따르지 말라.

유익하지 않은 말은 함부로 하지 말고,
나와 관계없는 일은 함부로 하지 말라.

임금을 존경하고 부모에게 효도하여
어른을 존경하고 덕이 있는 사람을 받들며,
어질고 어리석은 것을 분별하고 무식한 자를 용서하라.

일이 순리로 오거든 물리치지 말고,
일이 이미 지나갔거든 뒤쫓지 말며,
몸이 때를 만나지 못했더라도 바라지 말고,
일이 이미 지나갔거든 생각하지 말라.

총명한 사람도 어두운 때가 많고,
계획을 세웠어도 편의를 잃을 수가 있다.

남을 손상케 하면 결국 자기도 손실을 입을 것이요,
세력에 의존하면 재앙이 따른다.
경계하는 것은 마음에 달려 있고,
지키는 것은 기운에 달려 있다.
절약하지 않으니 사치로 집을 망치고,
청렴하지 않으니 지위를 잃는다.

그대에게 평생을 두고 스스로 경계할 것을 권고하나니
탄식할 만하고 놀랄 만하고 두려워할 만하다.
위에는 하늘의 거울이 너를 내려다보고 있고,
아래에는 땅의 신령이 너를 살피고 있다.
밝은 곳에는 왕법이 이어져 있고,

어두운 곳에는 귀신이 따르고 있다.
오직 바른 것을 지켜야 하고,
마음으로 속여서는 안 되니
경계하고 또 경계하라."

紫虛元君誠諭心文에 曰 福生於淸儉하고 德生於卑退하고
자허원군성유심문   왈 복생어청검   덕생어비퇴

道生於安靜하고 命生於和暢하고 憂生於多慾하고
도생어안정   명생어화창   우생어다욕

禍生於多貪하고 過生於輕慢하고 罪生於不仁이라.
화생어다탐   과생어경만   죄생어불인

戒眼莫看他非하고 戒口莫談他短하고
계안막간타비   계구막담타단

戒心莫自貪嗔하고 戒身莫隨惡伴하라.
계심막자탐진   계신막수악반

無益之言을 莫妄說하고 不干己 事를 莫妄爲하라.
무익지언   막망설   불간기사 막망위

尊君王孝父母하며 敬尊長奉有德하고 別賢愚恕無識하라.
존군왕효부모   경존장봉유덕   별현우서무식

物順來而勿拒하며 物旣去而勿追하고
물순래이물거   물기거이물추

身未遇而勿望하며 事已過而勿思하라.
신미우이물망   사이과이물사

聰明도 多暗昧요 算計도 失便宜니라.
총명   다암매   산계   실편의

損人終自失이요 依勢禍相隨라. 戒之在心하고 守之在氣라.
손인종자실   의세화상수   계지재심   수지재기

爲不節而亡家하고 因不廉而失位니라.
위불절이망가   인불렴이실위

勸君自警於平生하나니 可歎可警而可畏니라.
권 군 자 경 어 평 생　　　가 탄 가 경 이 가 외

上臨之以天鑑하고 下察之以地祇라.
상 림 지 이 천 감　　　하 찰 지 이 지 기

明有王法相繼하고 暗有鬼神相隨라.
명 유 왕 법 상 계　　　암 유 귀 신 상 수

惟正可守요, 心不可欺니 戒之戒之하라.
유 정 가 수　　심 불 가 기　　계 지 계 지

6 │ 안분(安分) 편

1. 경행록에 이르기를, "만족할 줄 알면 즐거울 것이요, 욕심이 많으면 근심하게 된다."

景行錄에 云 知足可樂이요 務貪則憂니라.
경 행 록　　운 지 족 가 락　　무 탐 즉 우

2. 만족할 줄 아는 사람은 가난하고 천해도 즐겁고, 만족할 줄 모르는 사람은 부유하고 귀하여도 근심한다.

知足者는 貧賤亦樂이요 不知足者는 富貴亦憂니라.
지 족 자　　빈 천 역 락　　부 지 족 자　　부 귀 역 우

3. 지나친 생각은 다만 정신을 상하게 하고, 분별없는 행동은 도리어 재앙을 부른다.

濫想은 徒傷神이며 妄動은 反致禍니라.
남 상　　도 상 신　　　망 동　　반 치 화

4. 만족할 줄 알아 늘 만족하면 죽을 때까지 욕되지 않고, 그칠 줄 알아 늘 그치면 죽을 때까지 부끄러움이 없을 것이다.

知足常足이면 終身不辱하고 知止常止면 終身無恥니라.
지 족 상 족　　종 신 불 욕　　　지 지 상 지　　종 신 무 치

5. 서경에 말하기를, "가득차면 손해를 부르고 겸손하면 이익을 얻는다."

書에 日 滿招損하고 謙受益이니라.
서 왈 만초손   겸수익

6. 안분음에서 말하기를, "편안한 마음으로 분수를 지키면 육신에 욕됨이 없을 것이요, 세상의 돌아가는 형편을 잘 알면 마음이 절로 한가해진다. 비록 인간 세상에 살더라도 도리어 인간 세상에서 벗어나게 된다."

安分吟에 日 安分身無辱이요 知機心自閑이니 雖居人世上이나 却是出人間이니라.
안분음   왈 안분신무욕   지기심자한   수거인세상   각시출인간

7. 그 지위에 있지 않으면 그 정사를 도모하지 않는 것이다.

子曰 不在其位이면 不謀其政이라.
자왈 부재기위   불모기정

7 | 존심(存心) 편

1. 경행록에 이르기를, "밀실에 앉았어도 마치 네거리에 앉은 것처럼 하라. 작은 마음을 제어하기를 마치 여섯 필의 말을 부리듯 하면 잘못을 면할 수 있다."

景行錄에 云 坐密室을 如通衢하고 馭寸心을 如六馬可免過니라.
경행록   운 좌밀실   여통구   어촌심   여육마가면과

2. 격양시에 이르기를, "부귀를 지혜와 힘으로 구할 수 있다면 중니(공자)도 젊은 나이에 제후에 봉해졌을 것이다. 세상 사람들은 푸른 하늘의 뜻은 알지 못하고 헛되이 몸과 마음으로 하여금 한밤중까지 근심하게 한다."

擊壤詩에 云 富貴를 如將智力求인대 仲尼도 年少合封侯라.
격양시   운 부귀   여장지력구   중니   연소합봉후

世人은 不解青天意 空使 身心半夜愁이니라.
세인   불해청천의 공사 신심반야수

3. 범충선공이 자제를 경계하여 말하기를, "사람은 비록 어리석어도 남을 꾸

짖는 데는 밝고, 비록 총명해도 자기를 용서하는 데는 어둡다. 너희들은 마땅히 남을 꾸짖는 마음으로 자신을 꾸짖고, 자기를 용서하는 마음으로 남을 용서해야 한다. 그러면 성현의 경지에 이르지 못한다고 근심할 것이 없다."

范忠宣公이 戒子弟曰 人雖至愚나 責人則明하고 雖有聰明이나 恕己則昏이니
범 충 선 공   계 자 제 왈 인 수 지 우   책 인 즉 명   수 유 총 명   서 기 즉 혼

爾曹는 但常以責人之心으로 責己하고
이 조   단 상 이 책 인 지 심   책 기

恕己之心으로 恕人則不患不到聖賢地位也이니라.
서 기 지 심   서 인 즉 불 환 부 도 성 현 지 위 야

4. 공자가 말하기를, "총명하고 생각이 뛰어나도 어리석음으로 지켜야 하고, 공적이 천하를 덮을 만하더라도 겸양으로 지켜야 하고, 용맹이 세상에 떨칠지라도 겁내며 지켜야 하고, 부유함이 온 세상을 차지할 정도라도 겸손으로 지켜야 한다."

子曰聰明思睿도守之以愚하고 功被天下라도 守之以讓하고
자 왈 총 명 사 예   수 지 이 우   공 피 천 하   수 지 이 양

勇力振世라도 守之以怯하고 富有四海라도 守之以謙이니라.
용 력 진 세   수 지 이 겁   부 유 사 해   수 지 이 겸

5. 소서에 이르기를, "야박하게 베풀고 후한 것을 바라는 사람에게는 보답이 없고, 몸이 귀하게 되고 나서 천했던 때를 잊는 사람은 오래가지 못한다."

素書에 云 薄施厚望者는 不報하고 貴而忘賤子는 不久니라.
소 서   운 박 시 후 망 자   불 보   귀 이 망 천 자   불 구

6. 은혜를 베풀거든 그 보답을 구하지 말고, 남에게 주었거든 후회하지 말라.

施恩勿求報하고 與人勿追悔하라.
시 은 물 구 보   여 인 물 추 회

7. 손사막이 말하기를, "담력은 크게 가지도록 하되 마음가짐은 섬세해야 하고 지혜는 원만하도록 하되 행동은 방정하도록 해야 한다."

孫思邈이 曰 膽欲大而心欲小하고 知欲圓而行欲方이니라.
손 사 막   왈 담 욕 대 이 심 욕 소   지 욕 원 이 행 욕 방

8. 생각하는 것은 항상 싸움터에 나가는 날처럼 하고 마음은 언제나 다리를 건널 때같이 조심해야 한다.

念念要如臨戰日하고 心心常似過橋時니라.
염 념 요 여 림 전 일   심 심 상 사 과 교 시

9. 법을 두려워하면 언제나 즐거울 것이요, 나라 일을 속이면 날마다 근심한다.

懼法朝朝樂이요 欺公日日憂니라.
구 법 조 조 락   기 공 일 일 우

10. 주문공이 말하기를, "입을 지키는 것은 병과 같이 하고 뜻(사욕)을 막기를 성을 지키는 것같이 하라."

朱文公이 曰 守口如瓶하고 防意如城하라.
주 문 공   왈 수 구 여 병   방 의 여 성

11. 마음이 남을 배신하지 않았으면 얼굴에 부끄러운 빛이 없다.

心不負人이면 面無慙色이니라.
심 불 부 인   면 무 참 색

12. 사람은 백 살을 사는 사람이 없건만 부질없이 천년의 계획을 세운다.

人無百歲人이나 枉作千年計니라.
인 무 백 세 인   왕 작 천 년 계

13. 구래공의 육회명에 이르기를,

벼슬아치가 나쁜 짓을 저지르면 벼슬을 잃을 때 후회하고,

부유할 때 아껴 쓰지 않으면 가난해졌을 때 후회하고,

재주를 믿고 어릴 때 배우지 않으면 시기가 지났을 때 후회하고,

일을 보고 배우지 않으면 필요할 때 후회하고,

술 취한 뒤에 함부로 말하면 술이 깨었을 때 후회하고,

몸이 건강할 때 쉬지 않으면 병들었을 때 후회한다.

寇萊公六悔銘 云 官行私曲失時悔요 富不儉用貧時悔요 藝不少學過時悔요
구 래 공 육 회 명 운 관 행 사 곡 실 시 회   부 불 검 용 빈 시 회   예 불 소 학 과 시 회

見事不學用 時悔요 醉後狂言醒時悔요 安不將息病時悔니라.
견 사 불 학 용 시 회   취 후 광 언 성 시 회   안 부 장 식 병 시 회

14. 익지서에 이르기를,

"차라리 아무 사고 없이 집이 가난할지언정

사고가 있으면서 집안이 부유하지 말라.

차라리 아무 사고 없이 초가집에서 살지언정

사고가 있으면서 좋은 집에서 살지 말라.

차라리 병이 없이 거친 밥을 먹을지언정

병에 걸리고나서 좋은 약을 먹지 말라."

益智書 云 寧無事而家貧이언정 莫有事而家富요
익 지 서 운 영 무 사 이 가 빈   막 유 사 이 가 부

寧無事而住茅屋이언정 不有事而住金屋이요
영 무 사 이 주 모 옥   불 유 사 이 주 금 옥

寧無病而食麤飯이언정 不有病而服良藥이니라.
영 무 병 이 식 추 반   불 유 병 이 복 양 약

15. 마음이 편안하면 초가집도 편안하고 성품이 안정되면 나물국도 향기롭다.

心安茅屋穩이요 性定菜羹香이니라.
심 안 모 옥 은   성 정 채 갱 향

16. 경행록에 이르기를, "남을 꾸짖는 자는 사귐을 온전히 할 수 없고, 자기를 용서하는 자는 잘못을 고치지 못한다."

景行錄에 云 責人者는 不全交요 自恕者는 不改過니라.
경 행 록 운 책 인 자 부 전 교   자 서 자   불 개 과

17. 아침 일찍 일어나서부터 밤이 깊어 잠들 때까지 늘 충성과 효도를 생각하는 사람은 남이 알아주지 않아도 하늘이 반드시 알아줄 것이다. 배부르게 먹고 따뜻하게 입고서 안락하게 제 몸만 보호하는 자는 몸은 비록 편안하나 그 자손은 어찌 되겠는가?

夙興夜寐所思忠孝者는 人不知나 天必知之요
숙 흥 야 매 소 사 충 효 자   인 부 지   천 필 지 지

飽食煖衣하여 怡然自衛者는 身雖安이나 其如子孫何오.
포 식 난 의   이 연 자 위 자   신 수 안   기 여 자 손 하

18. 아내와 자식을 사랑하는 마음으로 어버이를 섬긴다면 그 효도가 극진
할 것이고, 부귀를 보전하려는 마음으로 임금을 받든다면 어느 곳에 간들
충성할 것이다. 남을 책망하는 마음으로 자기를 책망하면 잘못이 적을 것
이고, 자기를 용서하는 마음으로 남을 용서하면 사귐을 온전히 할 수 있다.

以愛妻子之心 事親則曲盡其孝요 以保富貴之心으로 奉君則無往不忠이요
이 애 처 자 지 심 사 친 즉 곡 진 기 효   이 보 부 귀 지 심   봉 군 즉 무 왕 불 충

以責人之心으로 責己則寡過요 以恕己之心으로 恕人則全交니라.
이 책 인 지 심   책 기 즉 과 과   이 서 기 지 심   서 인 즉 전 교

19. 너의 꾀가 옳지 못하면 후회한들 어찌 미치겠는가? 너의 소견이 훌륭
하지 못하면 가르친들 무엇이 이롭겠는가? 자기 이익만 생각하면 도리에
어그러지고 사사로운 뜻이 굳으면 공을 멸하게 된다.

爾謀不藏이면 悔之何及이며 爾見不長이면 敎之何益이리오.
이 모 부 장   회 지 하 급   이 견 부 장   교 지 하 익

利心專則背道요 私意確則滅公이니라.
이 심 전 즉 배 도   사 의 확 즉 멸 공

20. 일을 만들면 일이 생기고 일을 덜면 일이 줄어든다.

生事事生이요 省事事省이니라.
생 사 사 생   생 사 사 생

8 | 계성(戒性) 편

1. 경행록에 이르기를, "사람의 성품은 물과 같아서 물이 한번 기울어지면
회복할 수 없고, 성품이 한번 풀어지면 돌이킬 수 없다. 물을 제어하려면

반드시 둑을 쌓아야 하고, 성품을 제어하려면 반드시 예법으로 해야 한다."

景行錄에 云 人性이 如水하여 水一傾則不可復이요 性一從則不可反이니
경행록 운 인성 여수 수일경즉불가복 성일종즉불가반

制水者는 必以 堤防하고 制性者는 必以禮法이니라.
제수자 필이제방 제성자 필이예법

2. 한때의 분함을 참으면 백날의 근심을 면할 수 있다.

忍一時之忿이면 免百日之憂니라.
인일시지분 면백일지우

3. 참을 수 있으면 또 참고 경계할 수 있으면 또 경계하라. 참지 못하고 경계하지 않으면 작은 일이 크게 된다.

得忍且忍이요 得戒且戒하라. 不忍不戒면 小事成大니라.
득인차인 득계차계 불인불계 소사성대

4. 어리석고 흐릿한 사람이 성을 내는 것은 다 이치를 알지 못하기 때문이다. 마음 위에 화를 더하지 말고 다만 귓전을 스치는 바람결로 여겨라. 장점과 단점은 집집마다 있고 따뜻하고 싸늘한 것은 곳곳이 같다. 옳고 그름이란 본래 실체가 없어서 다 빈 것이다.

愚濁生嗔怒는 皆因理不通이라. 休添心上火하고 只作耳邊風하라.
우탁생진노 개인리불통 휴첨심상화 지작이변풍

長短은 家家有요 炎凉은 處處同이라. 是非無相實하야 究竟摠成空이니라.
장단 가가유 염량 처처동 시비무상실 구경총성공

5. 자장이 떠나고자 공자께 하직을 고하면서 말하기를, "몸을 수양하는 데 좋은 방법을 말씀해주십시오." 공자가 말하기를, "모든 행실의 근본은 인내가 제일이니라." 자장이 말하기를, "인내하면 어찌 됩니까?" 공자가 말하기를, "천자가 참으면 나라에 해가 없고, 제후가 참으면 크게 성공하고, 벼슬아치가 참으면 그 지위가 올라가고, 형제가 참으면 집안이 부귀하고, 부부가 참으면 함께 세상을 마칠 수 있고, 친구끼리 참으면 이름이 깎이지

않고, 자신이 참으면 재앙이 없을 것이다."

子張이 欲行에 辭於夫子할새 願賜一言 爲修身之美하더라.
자장 욕행 사어부자 원사일언위수신지미

子曰 百行之本이 忍之爲上이니라.
자왈백행지본 인지위상

子張曰 何爲忍之이고 子曰 天子忍之면 國無害하고 諸侯忍之면 成其大하고
자장왈 하위인지 자왈천자인지 국무해 제후인지 성기대

官吏忍之면 進其位하고 兄弟忍之면 家富貴하고 夫妻忍之면 終其世하고
관리인지 진기위 형제인지 가부귀 부처인지 종기세

朋友忍之면 名不廢하고 自身忍之면 無禍害니라.
붕우인지 명불폐 자신인지 무화해

자장이 물었다. "참지 않으면 어떻게 됩니까?" 공자가 말하기를, "천자가 참지 않으면 나라가 공허하고, 제후가 참지 않으면 목숨을 잃고, 벼슬아치가 참지 않으면 형법에 의하여 죽고, 형제가 참지 않으면 각각 헤어져서 따로 살고, 부부가 참지 않으면 자식이 외롭고, 친구끼리 참지 않으면 정이 멀어지고, 자신이 참지 않으면 근심이 없어지지 않느니라." 자장이 말하기를, "참으로 좋고도 좋으신 말씀입니다. 아아, 참는 것은 참으로 어렵습니다. 사람이 아니면 참지 못할 것이요, 참지 못할 것 같으면 사람이 아닐 것입니다."

子張曰 不忍則如何고 子曰 天子不忍이면 國空虛하고 諸侯不忍이면 喪其軀하고
자장왈불인즉여하 자왈천자불인 국공허 제후불인 상기구

官吏不忍면 刑法誅하고 兄弟不忍이면 各分居하고 夫妻不忍이면 令子孤하고
관리불인 형법주 형제불인 각분거 부처불인 영자고

朋友不忍이면 情意疎하고 自身 不忍이면 患不除니라.
붕우불인 정의소 자신불인 환부제

子張曰 善哉善哉라. 難忍難忍이여. 非人不忍이요 不忍非人이로다.
자장왈선재선재 난인난인 비인불인 불인비인

6. 경행록에 이르기를, "자기를 굽히는 자는 중요한 지위에 앉을 수 있고,

남을 이기기 좋아하는 자는 반드시 적을 만나게 된다."

景行錄에 云 屈己者는 能處重하고 好勝者는 必遇敵이니라.
경행록   운 굴기자   능처중   호승자   필우적

7. 악한 사람이 착한 사람을 욕하면 착한 사람은 절대 대꾸하지 말라. 대꾸하지 않는 사람은 마음이 맑고 한가하나, 욕하는 사람은 입에 불이 붙는 것처럼 끓어오른다. 마치 사람이 하늘에 침을 뱉는 것 같아서 도로 자기 몸에 떨어진다.

惡人이 罵善人하거든 善人은 摠不對하라. 不對는 心淸閑이요 罵者는 口熱沸니라.
악인   매선인   선인   총부대   부대   심청한   매자   구열비

正如人唾天하여 還從己身墜니라.
정여인타천   환종기신추

8. 만약 내가 남에게 욕을 먹더라도 거짓 귀먹은 체하고 시비를 가려서 말하지 말라. 비유하건대 불이 아무것도 없는 허공에서 타다가 저절로 꺼지는 것과 같다. 내 마음은 허공과 같거늘 너의 입술과 혀만이 쉬지 않고 엎쳤다가 뒤쳤다 한다.

我若被人罵라도 佯聾不分說하라. 譬如火燒空하여 不救自然滅이라.
아 약 피 인 매   양 롱 불 분 설   비 여 화 소 공   불 구 자 연 멸

我心은 等虛空이어늘 摠爾飜脣舌이니라.
아 심   등 허 공   총 이 번 순 설

9. 모든 일에 따뜻한 정을 남겨두면 뒷날 좋은 얼굴로 만나게 된다.

凡事에 留人情이면 後來에 好相見이니라.
범 사   유 인 정   후 래   호 상 견

9 | 근학(勤學) 편

1. 공자가 말하기를, "널리 배워서 뜻을 두텁게 하고 간절하게 묻고 잘 생

각하면 인이 그 속에 있다."

子曰 博學而篤志하고 切問而近思면 仁在其中矣니라.
자왈 박학이독지   절문이근사   인재기중의

2. 장자가 말하기를, "사람이 배우지 않으면 재주 없이 하늘에 오르려는
것과 같고 배워서 지혜가 깊어지면 상서로운 구름을 헤치고 푸른 하늘을
보며 산에 올라 사해를 바라보는 것과 같다."

莊子曰 人之不學은 如登天而無術하고
장자왈 인지불학   여등천이무술

學而智遠이면 如披祥雲而覩青天하고 登高山而望四海니라.
학이지원   여피상운이관청천   등고산이망사해

3. 예기에 말하기를, "옥은 다듬지 않으면 그릇이 되지 못하고, 사람은 배
우지 않으면 의리를 알지 못한다."

禮記에 曰 玉不琢이면 不成器하고 人不學이면 不知義니라.
예기 왈 옥불탁   불성기   인불학   부지의

4. 태공이 말하기를, "사람이 배우지 않으면 어두운 밤길을 가는 것과 같다."

太公이 曰 人生不學이면 如冥冥夜行이니라.
태공 왈 인생불학   여명명야행

5. 한문공이 말하기를, "사람이 고금의 성인의 가르침을 알지 못하면 말과
소에 옷을 입힌 것과 같다."

韓文公曰 人不通古今이면 馬牛而襟裾니라.
한문공 왈 인불통고금   마우이금거

6. 주문공이 말하기를, "만약 집이 가난하더라도 가난 때문에 배움을 포기
해서는 안 되며, 만약 집이 부유하더라도 부유함을 믿고 배움을 게을리해
서는 안 된다. 가난하더라도 부지런히 공부하면 입신출세할 수 있으며, 부
유하면서 부지런히 공부하면 이름이 빛날 것이다. 오직 배운 자가 훌륭해
지는 것을 보았으며 배운 사람이 성공하지 못하는 것은 보지 못했다. 배움

이란 곧 몸의 보배이며, 배운 사람이란 곧 세상의 보배다. 그러므로 배우면 군자가 되고 배우지 않으면 천한 소인이 될 것이니 후에 배우는 자는 마땅히 힘써야 한다."

朱文公曰家若貧이라도 不可因貧而廢學이요 家若富라도 不可恃富而怠學이니
주문공 왈 가약빈   불가인빈이폐학   가약부   불가시부이태학

貧若勤學이면 可以立身이요 富若勤學이면 名乃光榮이라
빈약근학   가이입신   부약근학   명내광영

惟見學者顯達이요 不見學者無成이니라.
유견학자현달   불견학자무성

學者는 乃身之寶요 學者는 乃世之珍이니라.
학자   내신지보   학자   내세지진

是故 學則乃爲君子요 不學則爲小人이니 後之學者는 宜各勉之니라.
시고 학즉내위군자   불학즉위소인   후지학자   의각면지

7. 휘종 황제가 말하기를, "배운 사람은 낟알과 벼 같고, 배우지 않으면 사람은 쑥과 풀 같다. 아아, 낟알 같고 벼 같음이여! 나라의 좋은 양식이며 온 세상의 보배다. 그러나 쑥 같고 풀 같음이여, 밭 가는 자가 미워하고 밭 매는 자가 힘들어한다. 다른 날에서도 만날 때에 (배우지 않은 것을) 후회한들 이미 늙었다."

徽宗皇帝曰 學者는 如禾如稻하고 不學者는 如蒿如草로다.
휘종황제 왈 학자   여화여도   불학자   여호여초

如禾如稻兮여 國之精糧이요 世之大寶로다.
여화여도혜   국지정량   세지대보

如蒿如草兮여 耕者憎嫌하고 鋤者煩惱이니라. 他日面墻에 悔之已老로다.
여호여초혜   경자증혐   조자번뇌   타일면장 회지기로

8. 논어에 말하기를, "학문은 따라가지 못한 것같이 하고, 배운 것을 잃을까 두려워해야 한다."

論語曰 學如不及이요 惟恐失之니라.
논어 왈 학여불급   유공실지

266

1. 경행록에 이르기를, "손님이 찾아오지 않으면 집안이 저속해지고 시서를 가르치지 않으면 자손이 어리석게 된다."

景行錄 云 賓客不來門戶俗하고 詩書無敎子孫愚니라.
경행록 운빈객불래문호속   시서무교자손우

2. 장자가 말하기를, "일이 비록 작더라도 하지 않으면 이루지 못할 것이며, 자식이 비록 어질지라도 가르치지 않으면 현명하지 못하다."

莊子曰 事雖小나 不作이면 不成이요 子雖賢이나 不敎면 不明이니라.
장자왈사수소   부작   불성   자수현   불교 불명

3. 한서에 이르기를, "황금이 상자에 가득한 것은 자식에게 경서를 가르치는 것만 못하고, 자식에게 천금을 물려주는 것은 기술을 가르치는 것만 못하다."

漢書云 黃金滿籯은 不如敎子一經이요 賜子千金은 不如敎子一藝니라.
한서운황금만영   불여교자일경   사자천금   불여교자일예

4. 최고의 즐거움은 책을 읽는 것이고 최고로 필요한 것은 자식을 가르치는 것이다.

至樂은 莫如讀書요 至要는 莫如敎子니라.
지락 막여독서   지요   막여교자

5. 여영공이 말하기를, "집안에 어진 부모와 형이 없고 밖으로 엄한 스승과 벗이 없으면서 성공하는 사람은 드물다."

呂榮公이 曰 內無賢父兄하고 外無嚴師友而能有成者가 鮮矣니라.
여영공 왈 내무현부형   외무엄사우이능유성자   선의

6. 태공이 말하기를, "남자가 가르침을 받지 못하면 자라서 반드시 미련하고 어리석어지며, 여자가 가르침을 받지 못하면 자라서 반드시 거칠고 솜씨가 없게 된다."

太公이 曰 男子失敎면 長必頑愚하고 女子失敎면 長必廳疎니라.
태공 왈 남자실교 장필완우 여자실교 장필추소

7. 남자가 자라면 풍악과 술을 익히지 못하게 하고, 여자가 자라면 돌아다니지 못하게 한다.

男年長大어든 莫習樂酒하고 女年長大어든 莫令遊走니라.
남년장대 막습악주 여년장대 막령유주

8. 엄한 아버지는 효자를 길러내고, 엄한 어머니는 효녀를 길러낸다.

嚴父는 出孝子요 嚴母는 出孝女니라.
엄부 출효자 엄모 출효녀

9. 아이를 사랑하거든 매를 많이 주고 아이를 미워하거든 먹을거리를 많이 주라.

憐兒어든 多與棒하고 憎兒어든 多與食하라.
연아 다여봉 증아 다여식

10. 남들은 모두 주옥을 사랑하지만, 나는 자손이 어진 것을 사랑한다.

人皆愛珠玉이나 我愛子孫賢이니라.
인개 애 주 옥 아 애 자 손 현

11 | 성심(省心) 편 (상)

1. 경행록에 이르기를, "보화는 쓰면 다함이 있고 충성과 효성은 누려도 끝이 없다."

景行錄 云 寶貨는 用之有盡이요 忠孝는 享之無窮이니라.
경행록 운 보화 용지유진 충효 향지무궁

2. 집안이 화목하면 가난해도 좋거니와 정의롭지 않다면 부자인들 무엇하겠는가. 다만 한 자식이라도 효도하는 자를 두어야 하니 자손이 많은들 무엇하겠는가."

家和貧也好어니와 不義富如何오. 但存一子孝면 何用子孫多리오.
가화빈야호 불의부여하 단존일자효 하용자손다

3. 아버지가 근심하지 않음은 자식이 효도하기 때문이며, 남편이 번뇌가 없는 것은 아내가 어질기 때문이다. 말이 많아 실수함은 술 때문이며, 의가 끊어지고 친함이 갈라지는 것은 단지 돈 때문이다.

父不憂心因子孝요 夫無煩惱是妻賢이라. 言多語失皆因酒요 義斷親疎只爲錢이라.
부불우심인자효 부무번뇌시처현   언다어실개인주 의단친소지위전

4. 이미 뜻밖의 즐거움을 취했다면 반드시 예측할 수 없는 불행을 미리 방비해야 한다.

旣取非常樂이어든 須防不測憂라.
기취비상락   수방불측우

5. 사랑을 받거든 욕됨을 생각하고, 편안함에 살거든 위태함을 생각해야 한다.

得寵思辱하고 居安慮危니라.
득총사욕   거안려위

6. 영화가 가벼우면 욕됨이 얕고 이익이 무거우면 해로움도 깊다.

榮輕辱淺이요 利重害深이니라.
영경욕천   이중해심

7. 사랑함이 심하면 반드시 심한 소모를 가져오고 칭찬받음이 심하면 반드시 심한 헐뜯음을 받는다. 기뻐함이 심하면 반드시 심한 근심이 따르고 뇌물 탐함이 심하면 반드시 심하게 잃는다.

甚愛必甚費요 甚譽必甚毁요 甚喜必甚憂요 甚贓必甚亡이라.
심애필심비   심예필심훼   심희필심우   심장필심망

8. 공자가 말하기를, "높은 낭떠러지를 보지 않으면 어찌 굴러 떨어지는 환란을 알며, 깊은 샘에 가지 않으면 어찌 빠져 죽을 환란을 알며, 큰 바다를 보지 않으면 어찌 풍파의 무서운 환란을 알겠는가?"

子曰 不觀高崖면 何以知顚墜之患이며
자왈 불관고애   하이지전추지환

不臨深泉이면 何以知沒溺之患이며
불림심천   하이지몰익지환

不觀巨海면 何以知風波之患이리오.
불 관 거 해   하 이 지 풍 파 지 환

9. 미래를 알고 싶거든 먼저 지나간 일을 살펴보라.

欲知未來인대 先察已然이니라.
욕 지 미 래   선 찰 이 연

10. 공자가 말하기를, "밝은 거울은 얼굴을 살필 수 있고, 지나간 일은 현재를 알 수 있다."

子曰 明鏡은 所以察形이요 往古는 所以知今이니라.
자 왈 명 경   소 이 찰 형   왕 고   소 이 지 금

11. 지나간 일은 밝은 거울 같고 미래의 일은 어둡기가 칠흑과 같다.

過去事는 明如鏡이요 未來事는 暗似漆이니라.
과 거 사   명 여 경   미 래 사   암 사 칠

12. 경행록에 이르기를, "내일 아침의 일을 저녁때에 꼭 그렇게 된다고 알지 못한다. 저녁때의 일을 오후 네 시쯤 꼭 그렇게 된다고 알지 못한다."

景行錄 云 明朝之事를 薄暮에 不可必이요 薄暮之事를 哺時에 不可必이니라.
경 행 록 운 명 조 지 사   박 모   불 가 필   박 모 지 사   포 시   불 가 필

13. 하늘에는 예측할 수 없는 비바람이 있고, 사람은 아침저녁으로 화와 복이 있다.

天有不測風雨하고 人有朝夕禍福이니라.
천 유 불 측 풍 우   인 유 조 석 화 복

14. 무덤 속으로 돌아가기 전에 백 년의 몸을 지키기 어렵고, 이미 무덤 속으로 돌아갔어도 백 년간 무덤을 보전키 어렵다.

未歸三尺土하얀 難保百年身이요 已歸三尺土하얀 難保百年墳이니라.
미 귀 삼 척 토   난 보 백 년 신   이 귀 삼 척 토   난 보 백 년 분

15. 경행록에 이르기를, "나무를 잘 기르면 뿌리가 튼튼하고 가지와 잎이 무성해서 동량의 재목을 이루고, 수원을 잘 만들어놓으면 물줄기가 풍부

하고 흐름이 길어서 관개의 이익이 베풀어지고, 사람을 기르면 지기가 뛰어나고 식견이 밝아져서 충의의 선비가 나온다. 어찌 기르지 않겠는가?"

景行錄 云 木有所養則根本固而枝葉茂하야 棟樑之材成하고
경 행 록 운 목 유 소 양 즉 근 본 고 이 지 엽 무   동 량 지 재 성

水有所養則泉源壯而流派長하야 灌漑之利博하고
수 유 소 양 즉 천 원 장 이 류 파 장   관 개 지 리 박

人有所養則志氣大而識見明하야 忠義之士出이니 可不養哉아.
인 유 소 양 즉 지 기 대 이 식 견 명   충 의 지 사 출   가 불 양 제

16. 스스로 믿는 자는 남도 또한 그를 믿는다. 오나라와 월나라 같은 적국도 형제와 같이 될 수 있다. 스스로를 의심하는 자는 남도 자기를 의심하니 자기 외에는 모두 적국이 된다.

自信者는 人亦信之하나니 吳越이 皆兄弟요
자 신 자   인 역 신 지   오 월   개 형 제

自疑者는 人亦疑之하니 身外皆敵國이니라.
자 의 자   인 역 의 지   신 외 개 적 국

17. 의심스러운 사람은 쓰지 말고, 사람을 쓰거든 의심하지 말라.

疑人莫用하고 用人勿疑니라.
의 인 막 용   용 인 물 의

18. 풍간에 이르기를, "물속의 고기와 하늘의 기러기는 쏘고 낚을 수 있다. 사람의 마음은 바로 지척 간에 있어도 이 마음은 헤아릴 수 없다."

諷諫에 云 水底魚天邊雁은 高可射兮低可釣니와
풍 간   운 수 저 어 천 변 안   고 가 사 혜 저 가 조

惟有人心咫尺間에 咫尺人心不可料니라.
유 유 인 심 지 척 간   지 척 인 심 불 가 료

19. 범을 그리되 가죽은 그릴 수 있으나 뼈는 그리기 어렵고, 사람을 알되 얼굴은 알 수 있지만 마음은 알 수 없다.

畫虎畫皮難畫骨이요 知人知面不知心이니라.
화 호 화 피 난 화 골   지 인 지 면 부 지 심

20. 얼굴을 맞대고 함께 이야기는 하지만 마음은 천산만큼 떨어져 있다.

對面共話하되 心隔千山이니라.
대 면 공 화   심 격 천 산

21. 바다는 마르면 마침내 바닥을 볼 수 있으나 사람은 죽어도 그 마음을 알지 못한다.

海枯終見底나 人死不知心이니라.
해 고 종 견 저   인 사 부 지 심

22. 태공이 말하기를, "무릇 사람은 앞서 점칠 수 없고 바닷물은 말로 헤아릴 수 없다."

太公이 曰 凡人은 不可逆相이요 海水는 不可斗量이니라.
태 공   왈 범 인   불 가 역 상   해 수   불 가 두 량

23. 경행록에 이르기를, "남과 원수를 맺는 것은 재앙의 씨를 심는 것이다. 착한 것을 버리고 실천하지 않는 것은 스스로를 해치는 것이다."

景行錄에 云 結怨於人은 謂之種禍요 捨善不爲는 謂之自賊이라.
경 행 록   운 결 원 어 인   위 지 종 화   사 선 불 위   위 지 자 적

24. 만약 한쪽 말만 들으면 문득 친한 사이가 이별하게 됨을 보게 된다.

若聽一面說이면 便見相離別이니라.
약 청 일 면 설   변 견 상 이 별

25. 배부르고 따뜻하게 살면 음욕이 생기고, 굶주리고 추운 곳에서 고생하면 도덕심이 생긴다.

飽煖엔 思淫慾하고 飢寒엔 發道心이니라.
포 난   사 음 욕   기 한   발 도 심

26. 소광이 말하기를, "어진 사람이 재물이 많으면 그 뜻이 손상되고 어리석은 사람이 재물이 많으면 잘못을 더한다."

疎廣이 曰 賢人多才則損其志하고 愚人多才則益其過니라.
소 광   왈 현 인 다 재 즉 손 기 지   우 인 다 재 즉 익 기 과

27. 사람이 가난하면 지혜가 짧아지고, 복이 오면 마음이 영롱해진다.

人貧智短하고 福至心靈이니라.
인 빈 지 단   복 지 심 령

28. 한 가지 일을 경험하지 않으면 한 가지 지혜가 자라지 않는다.

不經一事면 不張一智니라.
불 경 일 사 부 장 일 지

29. 시비가 하루 종일 있어도 듣지 않으면 저절로 없어진다.

是非終日有라도 不聽自然無니라.
시 비 종 일 유   불 청 자 연 무

30. 와서 시비를 말하는 사람은 그가 곧 시비하는 사람이다.

來說是非者는 便是是非人이니라.
내 설 시 비 자   변 시 시 비 인

31. 격양시에 이르기를, "평생에 눈썹 찡그릴 일을 하지 않으면 세상에 이를 갈 원수는 없을 것이다. 크게 성공한 이름을 어찌 딱딱한 돌에 새길 것인가. 길 가는 사람의 입이 비석보다 낫다."

擊壤詩에 云 平生에 不作皺眉事하면 世上에 應無切齒人이니
격 양 시   운 평 생   부 작 추 미 사   세 상   응 무 절 치 인

大名을 豈有鐫頑石가. 路上行人이 口勝碑니라.
대 명   기 유 전 완 석   노 상 행 인   구 승 비

32. 사향을 지녔으면 저절로 향기로운데 어찌 꼭 바람을 향해 서 있는가?

有麝自然香이니 何必當風立고.
유 사 자 연 향   하 필 당 풍 립

33. 복이 있어도 다 누리지 말라. 복이 다하면 몸이 빈궁해질 것이다.
권세가 있어도 다 부리지 말라. 권세가 다하면 원수와 서로 만나게 된다.
복이 있거든 항상 스스로 아끼고 권세가 있거든 항상 스스로 겸손하라.
인생에 교만과 사치는 시작은 있으나 끝은 없다.

福莫享盡하라. 福盡身貧窮이요. 有勢莫使盡하라. 勢盡冤相逢이니라
복막향진　　　복진신빈궁　　유세막사진　　　세진원상봉

福兮常自惜하고 勢兮常自恭하라. 人生驕與侈는 有始多無終이니라.
복혜상자석　　　세혜상자공　　　인생교여치　　유시다무종

34. 왕참정의 사유명에 말하기를, "남은 재주를 다 쓰지 않았다가 조물주에게 돌려주고, 남은 봉급을 다 쓰지 않았다가 조정에 돌려주고, 남은 재물을 다 쓰지 않았다가 백성에게 돌려주며, 남은 복을 다 누리지 않았다가 자손에게 돌려주어야 한다."

王參政四留銘에 曰 留有餘不盡之巧하야 以還造物하고
왕삼정사류명　　왈 유유여부진지교　　　이환조물

留有餘不盡之祿야 以還朝廷하고 留有餘不盡之財하야 以還百姓하고
유유여부진지록　이환조정　　　유유여부진지재　　　이환백성

留有餘不盡之福하야 以還子孫이니라.
유유여부진지복　　이환자손

35. 황금 천 냥이 귀한 것이 아니고 사람의 좋은 말 한마디를 듣는 것이 천금보다 낫다.

黃金千兩이 未爲貴요 得人一語勝千金이니라.
황금천량　미위귀　득인일어승천금

36. 재주 있는 사람은 재주 없는 사람의 노예요, 고생은 즐거움의 어머니이다.

巧者는 拙之奴요 苦者는 樂之母니라.
교자　졸지노　고자　낙지모

37. 작은 배는 무더운 짐을 견디기 어렵고 으슥한 길은 혼자 다니기에 좋지 못하다.

小船은 難堪重載요 深逕은 不宜獨行이니라.
소선　난감중재　심경　불의독행

38. 황금이 귀한 것이 아니며, 안락이 돈보다 값어치가 많다.

黃金이 未是貴요 安樂이 値錢多니라.
황금   미시귀   안락   치전다

39. 집에서 손님을 맞아 대접할 줄 모르면 밖에서 다른 집에 손님으로 가 봐야 (자신을 맞아줄) 주인이 적은 줄 알게 된다.

在家에 不會邀賓客이면 出外에 方知少主人이니라.
재가   불회요빈객   출외   방지소주인

40. 가난하게 살면 번화한 저잣거리에 살아도 서로 아는 사람이 없고, 넉 넉하게 살면 깊은 산중에 살아도 멀리서 찾아오는 친구가 있다.

貧居鬧市無相識이요 富住深山有遠親이니라.
빈거요시무상식   부주심산유원친

41. 사람의 의리는 가난한 데서 끊어지고 세상의 인정은 곧 돈 있는 집으로 향한다.

人義는 盡從貧處斷이요 世情은 便向有錢家니라.
인의   진종빈처단   세정   변향유전가

42. 차라리 밑 빠진 항아리는 막을지언정 코 아래 가로 놓인 것(입)은 막기 어렵다.

寧塞無底缸이언정 難塞鼻下橫이니라.
영색무저항   난색비하횡

43. 사람의 정은 다 군색한 데서 멀어지게 된다.

人情은 皆爲窘中疎니라.
인정   개위군중소

44. 사기에 말하기를, "하늘에 제사를 지내고 사당에 제례 올림에도 술이 아니면 제물을 받지 않을 것이며, 임금과 신하, 벗과 벗 사이에도 술이 아니면 의리가 두터워지지 않을 것이며, 싸움을 하고 서로 화해함에도 술이 아니면 권하지 못할 것이다. 그러므로 술은 성공과 실패를 얻는 것이니 함부로 마셔서는 안 된다."

史記에 曰 郊天禮廟는 非酒不享이요 君臣朋友는 非酒不義요
사기 왈 교천예묘 비주불향 군신붕우 비주불의

鬪爭相和는 非酒不勸이라. 故로 酒有成敗而不可泛飮之니라.
투쟁상화 비주불권 고 주유성패이불가범음지

45. 공자가 말하기를, "선비가 도에 뜻을 두면서 거친 옷과 음식을 부끄러워하는 사람과는 서로 더불어 도를 의논할 수 없다."

子曰 士志於道而恥惡衣惡食者는 未足與議也니라.
자왈 사지어도이치악의악식 자 미족여의야

46. 순자가 말하기를, "선비가 벗을 질투하면 어진 벗과 친할 수 없고, 임금이 신하를 질투하면 어진 신하가 오지 않는다."

筍子曰 士有妬友則賢交不親하고 君有妬臣則賢人不至니라.
순자왈 사유투우즉현교불친 군유투신즉현인부지

47. 하늘은 녹 없는 사람을 내지 않고, 땅은 이름 없는 풀을 기르지 않는다.

天不生無祿之人하고 地不長無名之草니라.
천불생무록지인 지부장무명지초

48. 큰 부자는 하늘에 달려 있고 작은 부자는 부지런한 데 달려 있다.

大富는 由天하고 小富는 由勤이니라.
대부 유천 소부 유근

49. 집안을 일으킬 아이는 똥을 아끼기를 황금같이 하고, 집안을 망칠 아이는 돈 쓰기를 똥과 같이 한다.

成家之兒는 惜糞如金하고 敗家之兒는 用金如糞이니라.
성가지아 석분여금 패가지아 용금여분

50. 강절 소옹 선생이 말하기를, "한가롭게 살 때 삼가 걱정할 것이 없다고 말하지 말라.

겨우 걱정 없다는 말이 입에서 나가자 문득 걱정거리가 생긴다.

입에 상쾌한 음식이라고 해서 많이 먹으면 병이 생긴다.

마음에 상쾌한 일도 지나치면 반드시 재앙이 생긴다.

병이 난 후에 약을 먹는 것보다는 병나기 전에 스스로 예방하는 것이 낫다."

康節邵先生이 曰 閑居에 愼勿說無妨하라.
강 절 소 선 생   왈 한 거   신 물 설 무 방

纔說無妨便有妨이니라. 爽口勿多能作疾이요 快心事過必有殃이라.
재 설 무 방 변 유 방   상 구 다 물 능 작 질   쾌 심 사 과 필 유 앙

與其病後能服藥으론 不若病前能自防이니라.
여 기 병 후 능 복 약   불 약 병 전 능 자 방

51. 재동제군이 훈계를 내려 말하기를, "신묘한 약이라도 원한의 병은 고치기 어렵고, 뜻밖에 생기는 횡재도 운수가 궁한 사람을 부자가 되게 할 수 없다. 일을 생기게 하고 나서 일이 생기는 것을 원망하지 말고 남을 해치고 나서 남이 (나를) 해치는 것을 너는 꾸짖지 말라. 천지간에 모든 일은 다 갚음이 있나니 멀게는 자손에게 있고 가깝게는 자기 몸에 있다."

梓潼帝君垂訓에 曰 妙藥이 難醫冤債病이요 橫財는 不富命窮人이라.
재 동 제 군 수 훈   왈 묘 약   난 의 원 채 병   횡 재   불 부 명 궁 인

事事生을 君莫怨하고 害人人害를 汝休嗔하라.
사 사 생   군 막 원   해 인 인 해   여 휴 진

天地自然皆有報하니 遠在兒孫近在身이니라.
천 지 자 연 개 유 보   원 재 아 손 근 재 신

52. 꽃은 지었다 피고, 피었다 또 진다. 비단 옷도 다시 베옷으로 바꿔 입는다. 넉넉하고 호화로운 집이라고 해서 반드시 언제나 부귀한 것이 아니며, 가난한 집도 반드시 오래 적적하고 쓸쓸하지 않으리라. 사람을 받쳐주더라도 반드시 푸른 하늘까지 오르게 하지 못하고, 사람을 떠밀어도 반드시 구덩이에 굴러떨어지지 않는다. 그대에게 권고하나니, 모든 일에 하늘을 원망하지 말라. 하늘의 뜻은 사람에게 후하고 박함이 없다.

花落花開開又落하고 錦衣布衣更換着이라.
화 락 화 개 개 우 락   금 의 포 의 갱 환 착

豪家未必常富貴요 貧家未必長寂寞이라.
호 가 미 필 상 부 귀   빈 가 미 필 장 적 막

扶人 未必上靑霄요 推人未必塡邱壑이라.
부 인 미 필 상 청 소   추 인 미 필 전 구 학

勸君凡事를 莫怨天하라. 天意於人에 無厚薄이니라.
권 군 범 사   막 원 천   천 의 어 인   무 후 박

53. 사람의 마음이 독하기가 뱀 같음을 한탄하노라. 누가 하늘에서 보는 눈이 수레바퀴처럼 돌아가고 있음을 알았겠는가? 지나간 해에 망령되게 동쪽 이웃의 물건을 탐내어 가져왔더니 오늘 다시 북쪽 집으로 돌아갔구나. 의롭지 않게 취한 돈과 재물은 끓는 물에서 눈을 뿌리는 것과 같다. 뜻밖에 얻은 전답은 물살에 밀려온 모래다. 만약 교활한 속임수로 생활하면 그것은 흡사 아침에 피는 구름과 저녁에 떨어지는 꽃과 흡사하다.

堪歎人心毒似蛇라. 誰知天眼轉如車요
감 탄 인 심 독 사 사   수 지 천 안 전 여 차

去年妄取東隣物터니 今日還歸北舍家라.
거 년 망 취 동 린 물   금 일 환 귀 북 사 가

無義錢財湯潑雪이요 來田地水推沙니라.
무 의 전 재 탕 발 설   내 전 지 수 퇴 사

若將狡譎爲生計면 恰似朝雲暮落花라.
약 장 교 휼 위 생 계   흡 사 조 운 모 락 화

54. 약이 없어도 재상과 같은 귀한 목숨도 고칠 수 있고, 돈이 있어도 자손의 현명은 사기가 어렵다.

無藥可醫卿相壽요 有錢難買子孫賢이니라.
무 약 가 의 경 상 수   유 전 난 매 자 손 현

55. 하루라도 마음이 깨끗하고 편안하다면 그 하루는 신선이다.

一日淸閑一日仙이니라.
일 일 청 한 일 일 선

12 | 성심(省心) 편 (하)

1. 진종황제 어제에 말하기를, "위태함을 알고 험한 것을 알면 마침내 그물에 걸리는 일이 없을 것이다. 착하고 어진 사람을 천거하면 스스로 편안할 길이 열린다. 인을 베풀고 덕을 펴니 곧 대대로 영화를 가져올 것이다. 시기하는 마음을 품고 원한을 갚음은 자손에게 근심과 재앙을 남겨주는 것이다. 남을 해롭게 해서 자기를 이롭게 한다면 결국 현달(출세)하는 자손이 없고, 사람들을 해롭게 해서 집안을 일으킨다면 그 부귀가 어찌 오래가겠는가. 이름을 고치고 신분을 달리함은 모두 교묘한 말에서 시작하고, 재앙이 일어나고 몸이 상하게 됨은 다 어질지 못한 데서 자초한 것이다."

眞宗皇帝御製에 曰 知危識險이면 終無羅網之門이요 擧善薦賢이면 自有安身之路라.
진종황제어제 왈 지위식험 종무나망지문 거선천현 자유안신지로

施仁布德은 乃世代之榮昌이요 懷妬報冤은 與子孫之爲患이라.
시인포덕 내세대지영창 회투보원 여자손지위환

損人利己면 終無顯達雲仍이요 害衆成家면 豈有長久富貴리요.
손인이기 종무현달운잉 해중성가 기유장구부귀

改名異體는 皆人巧語而生이요 禍起傷身은 皆是不仁之召니라.
개명이체 개인교어이생 화기상신 개시불인지소

2. 신종황제 어제에 말하기를, "옳은 도리가 아닌 재물은 멀리하고 정도에 벗어난 술을 경계하며, 반드시 이웃을 가려 살고, 벗은 반드시 가려서 사귀어라.
질투를 마음에서 일으키지 말고 남을 헐뜯는 말을 하지 말며, 동기간에 가난한 자를 소홀히 하지 말고 부유한 자에게 아첨하지 말라.
자기의 사욕을 극복하는 것은 근검이 첫째이고, 사람을 사랑하는 것은 겸손하고 화평함이 첫째이다.
항상 지난날 나의 잘못됨을 생각하고 매번 미래의 잘못을 생각하라. 만약 나의 이 말에 의지한다면 나라와 집안을 다스림이 오래갈 것이니라."

279

神宗皇帝御製日 遠非道之財하고 戒過度之酒하며 居必擇隣하고 交必擇友하라.
신종황제어제 왈 원비도지재   계과도지주   거필택린   교필택우

嫉妬勿起於心하고 讒言勿宣於口하며 骨肉貧者를 莫疎하고 他人富者를 莫厚하라.
질투물기어심   참언물선어구   골육빈자 막소   타인부자 막후

克己以勤儉爲先하고 愛衆以謙和爲首하라. 常思已往之非하고 每念未來之咎하라.
극기이근검위선   애중이겸화위수   상사이왕지비   매념미래지구

若依朕之斯言이면 治國家而可久니라.
약의짐지사언   치국가이가구

3. 고종황제 어제에 말하기를, "한 점의 불티로도 만경의 숲을 태우고, 반 마디의 잘못된 말도 평생의 덕을 무너뜨린다. 몸에 한 오라기의 실을 걸쳐도 항상 베 짜는 여자의 수고로움을 생각하고, 하루 세 끼의 밥을 먹어도 농부의 노고를 생각하라. 진실로 미워하고 탐내고, 손해를 끼친다면 마침내 10년의 편안함도 없을 것이며, 선을 쌓고 인을 보존하면 반드시 후손들에게 영화가 있으리라. 행복은 음덕에서 생겨나고, 성인의 경지에 들어가는 것은 다 진실하여 얻어지는 것이다."

高宗皇帝御製日 一星之火도 能燒萬頃之薪하고 半句非言도 誤損平生之德이라.
고종황제어제 왈 일성지화   능소만경지신   반구비언   오손평생지덕

身被一縷나 常思織女之勞하고 日食三飱이나 每念農夫之苦하라.
신피일루   상사직녀지로   일식삼손   매념농부지고

苟貪妬損은 終無十載安康하고 積善存仁이면 必有榮華後裔니라.
구탐투손 종무십재안강   적선존인   필유영화후예

福緣善慶은 多因積行而生이요 入聖超凡은 盡是眞實而得이니라.
복연선경 다인적행이생   입성초범 진시진실이득

4. 왕량이 말하기를, "그 임금을 알려면 먼저 그 신하를 보고, 그 사람을 알려면 먼저 그 벗을 보고, 그 아버지를 알려면 먼저 그 자식을 보라. 임금이 성스러우면 신하가 충성스럽고, 아버지가 인자하면 자식이 효성스럽다."

王良曰 欲知其君인대 先視其臣하고 欲識其人인대 先視其友하고
왕량왈 욕지기군   선시기신   욕식기인   선시기우

欲知其父인대 先視其子하라. 君聖臣忠하고 父慈子孝니라.
욕 지 기 부   선 시 기 자   군 성 신 충   부 자 자 효

5. 가어에 이르기를, "물이 너무 맑으면 고기가 없고, 사람이 너무 살피면 따르는 무리가 없다."

家語에 云 水至淸則無魚하고 人至察則無徒니라.
가 어   운 수 지 청 즉 무 어   인 지 찰 즉 무 도

6. 허경종이 말하기를, "봄비는 기름과 같으나 길 가는 사람은 질퍽한 진창을 싫어하고, 가을의 달빛이 밝게 비치나 도둑은 밝게 비치는 것을 싫어한다."

許敬宗曰 春雨이 如膏나 行人은 惡其泥濘하고
허 경 종 왈 춘 우   여 고   행 인   오 기 니 녕

秋月이 揚輝나 盜者는 憎其照鑑이니라.
추 월   양 휘   도 자   증 기 조 감

7. 경행록에 이르기를, "대장부는 선을 보는 것이 밝아서 명분과 절의를 태산보다 중하게 여기고, 마음 쓰는 것이 깨끗하여 죽고 사는 것을 기러기 털보다 가볍게 여긴다."

景行錄 云 大丈夫이 見善明故로 重名節於泰山하고
경 행 록 운 대 장 부   견 선 명 고   중 명 절 어 태 산

用心精故로 輕死生於鴻毛니라.
용 심 정 고   경 사 생 어 홍 모

8. 남의 흉한 것을 불쌍히 여기고, 남의 착한 것을 즐겁게 여기며, 남의 급한 것을 구제하고, 남의 위태함을 구제하라.

悶人之凶하고 樂人之善하며 濟人之急하고 救人之危니라.
민 인 지 흉   낙 인 지 선   제 인 지 급   구 인 지 위

9. 직접 보고 경험한 일도 모두 참되지 아니할까 두렵거늘, 등 뒤에서 하는 말을 어찌 깊이 믿을 수 있겠는가?

經目之事도 恐未皆眞이어늘 背後之言을 豈足深信이리오.
경 목 지 사   공 미 개 진   배 후 지 언   기 족 심 신

10. 자기 집 두레박줄이 짧은 것은 탓하지 않고 남의 집 우물 깊은 것만 탓한다.

不恨自家汲繩短하고 只恨他家苦井深이로다.
불 한 자 가 급 승 단　　지 한 타 가 고 정 심

11. 부정한 재물을 취하는 사람이 온 천하에 가득해도 죄는 박복한 사람에게만 걸린다.

臟濫이 滿天下하되 罪拘薄福人이니라.
장 람　　만 천 하　　죄 구 박 복 인

12. 하늘이 만약 상도를 어기면 바람이 불지 않으면 비가 오고, 사람이 만약 상도를 어기면 병이 걸리지 않으면 죽는다.

天若改常이면 不風卽雨요 人若改常이면 不病卽死니라.
천 약 개 상　　불 풍 즉 우　　인 약 개 상　　불 병 즉 사

13. 장원시에 이르기를, "나라가 바르면 하늘도 순하고, 벼슬아치가 청렴하면 온 백성이 저절로 편안하다. 아내가 어질면 남편의 화가 적고. 자식이 효도하면 아버지의 마음이 너그러워진다."

壯元詩에 云 國正天心順이요 官淸民自安이라. 妻賢夫禍少요 子孝父心寬이니라.
장 원 시　　운 국 정 천 심 순　　관 청 민 자 안　　처 현 부 화 소　　자 효 부 심 관

14. 공자가 말하기를, "나무가 먹을 줄을 좇으면 곧게 되고, 사람이 간언을 받아들이면 성스럽게 된다."

子曰 木從繩則直하고 人受諫則聖이니라.
자 왈 목 종 승 즉 직　　인 수 간 즉 성

15. 한 줄기 푸른 산은 경치가 그윽하다. 저 땅은 옛 사람이 가꾸던 밭인데 뒷사람들이 거두는구나. 뒷사람은 차지했다 해서 기뻐하지 말라. 다시 거둘 사람은 뒤에 있다.

一派靑山景色幽러니 前人田土後人收라.
일 파 청 산 경 색 유　　전 인 전 토 후 인 수

後人收得莫歡喜하라. 更有收人在後頭니라.
후인 수 득 막 환 희　　갱 유 수 인 재 후 두

16. 소동파가 말하기를, "까닭 없이 천금을 얻는 것은 큰 복이 있는 것이
아니라, 반드시 큰 재앙이 있다."

蘇東坡曰 無故而得千金이면 不有大福이라 必有大禍니라.
소 동 파 왈 무 고 이 득 천 금　　불 유 대 복　　필 유 대 화

17. 강절 소옹 선생이 말하기를, "나에게 운수를 묻는 사람이 '어떠한 것이
화와 복인가?' 하고 묻기에 답하노라. 내가 남을 해롭게 하면 이것이 화
요, 남이 나를 해롭게 하면 이것이 복이니라."

康節邵先生曰 有人이 來問卜하되 如何是禍福고
강 절 소 선 생 왈 유 인　　내 문 복　　여 하 시 화 복

我虧人是禍요 人虧我是福이니라.
아 휴 인 시 화　　인 휴 아 시 복

18. 큰 집이 천 간이라도 밤에 눕는 곳은 여덟 자뿐이며, 좋은 밭이 만 평
이 있더라도 하루에 두 되 먹는다.

大廈千間이라도 夜臥八尺이요 良田萬頃이라도 日食二升이니라.
대 하 천 간　　야 와 팔 척　　양 전 만 경　　일 식 이 승

19. 오래 머물러 있으면 사람으로 하여금 천하게 여기고, 자주 오면 친한
사람도 멀어진다. 다만 사흘이나 닷새 만에 서로 보는데도 처음 보는 것만
못하다.

久住令人賤이요 頻來親也疎라. 但看三五日에 相見不如初라.
구 주 령 인 천　　빈 래 친 야 소　　단 간 삼 오 일　　상 견 불 여 초

20. 목이 마를 때 한 방울의 물은 달콤한 이슬과 같고, 취한 후에 잔을 더
하는 것은 안 먹는 것만 못하다.

渴時一滴은 如甘露요 醉後添盃는 不如無니라.
갈 시 일 적　　여 감 로　　취 후 첨 배　　불 여 무

21. 술이 사람을 취하게 하는 것이 아니라, 사람이 스스로 취하는 것이다. 여색이 사람을 미혹시키는 것이 아니라, 사람이 스스로 미혹하는 것이다.

酒不醉人人自醉요 色不迷人人自迷니라.
주 불 취 인 인 자 취　　색 불 미 인 인 자 미

22. 만약 공적인 것을 위한 마음이 사적인 것을 위한 마음에 비할 수 있다면 무슨 일이든 (옳고 그름을) 분별하지 못하겠는가? 도를 향하는 마음이 만약 남녀의 정을 생각하는 마음과 같다면 성불한 지도 오래일 것이다.

公心若比私心이면 何事不辨이며 道念을 若同精念이면 成佛多時니라.
공 심 약 비 사 심　　　 하 사 불 변　　 도 념　 약 동 정 념　　 성 불 다 시

23. 염계 선생이 말하기를, "교자(교묘한 사람)는 말을 잘하고, 졸자(졸렬한 사람/서툰 사람)는 말이 없다. 교자는 수고로우나 졸자는 한가하다. 교자는 패악하나 졸자는 덕성스러우며, 교자는 흉하고 졸자는 길하다. 아아! 천하가 졸하면 정치가 철폐되어 임금은 편안하고 백성은 순종하며, 풍속이 맑고 폐단은 없어진다."

濂溪先生曰 巧者言하고 拙者默하며 巧子勞하고 拙者逸하며
염 계 선 생 왈 교 자 언　　 졸 자 묵　　 교 자 로　　 졸 자 일

巧者賊하고 拙者德하며 巧者凶하고 拙者吉하니
교 자 적　　 졸 자 덕　　 교 자 흉　　 졸 자 길

嗚呼라 天下拙이면 刑政이 徹하여 上安下順하며 風淸弊絶이니라.
오 호　 천 하 졸　　 형 정　 철　　　 상 안 하 순　　 풍 청 폐 절

24. 주역에 말하기를, "덕이 적은데 지위가 높으며, 지혜가 작은데 도모하는 일이 크다면 화를 당하지 않는 자가 드물다."

易에 曰 德微而位尊하고 智小而謀大면 無禍者鮮矣니라.
역　 왈 덕 미 이 위 존　　　 지 소 이 모 대　 무 화 자 선 의

25. 설원에 말하기를, "벼슬아치는 지위가 높아질수록 게을러지고, 병은 조금 낫는 듯한 데서 심해지며, 재앙은 게으른 데서 생기고, 효도는 처자에서 약해진다. 이 네 가지를 살펴서 삼가 끝맺음을 처음과 같이 해야 한다."

說苑曰官怠於宦成하고 病加於少愈하며
설 원 왈 관 태 어 환 성　　병 가 어 소 유

禍生於懈怠하고 孝衰於妻子니 察此四者하여 愼終如始니라.
화 생 어 해 태　　효 쇠 어 처 자　　찰 차 사 자　　신 종 여 시

26. 그릇에 물이 차면 넘치고, 사람이 자만하면 잃게 된다.

器滿則溢하고 人滿則喪이니라.
기 만 즉 일　　인 만 즉 상

27. 직격이 한 자 되는 둥근 구슬은 보배가 아니다. 짧은 시간을 귀중히 여겨라.

尺璧非寶요 寸陰是競이니라.
척 벽 비 보　　촌 음 시 경

28. 양고깃국이 비록 맛이 좋으나 여러 사람의 입맛을 맞추기는 어렵다.

羊羹이 雖美나 衆口를 難調니라.
양 갱　　수 미　　중 구　　난 조

29. 익지서에 이르기를, "흰 옥을 진흙 속에 던져도 그 빛을 더럽힐 수 없고, 군자는 혼탁한 곳에 갈지라도 그 마음을 어지럽힐 수 없다. 그러므로 소나무, 잣나무는 서리와 눈을 견뎌내고, 밝은 지혜는 위험한 상황을 잘 건널 수 있다."

益智書 云 白玉은 投於泥塗라도 不能汚穢其色이요
익 지 서 운 백 왕　　투 어 니 도　　　불 능 오 예 기 색

君子는 行於濁地라도 不能染亂其心하니
군 자　　행 어 탁 지　　　불 능 염 란 기 심

故로 松栢은 可以耐雪霜이요 明智는 可以涉危難이니라.
고　　송 백　　가 이 내 설 상　　　명 지　　가 이 섭 위 난

30. 산속에 들어가 범을 잡기 쉬우나, 입을 열어 남에게 고하기는 어렵다.

入山擒虎는 易이니와 開口告人은 難이니라.
입 산 금 호　　이　　　개 구 고 인　　난

31. 먼 곳에 있는 물은 가까운 불을 끄지 못하고, 먼 곳의 친척은 이웃만 같지 못하다.

遠水는 不救近火요 遠親은 不如近隣이니라.
원수　불구근화　원친　불여근린

32. 태공이 말하기를, "해와 달이 비록 밝으나 엎어놓은 동이의 밑은 비추지 못하고, 칼날이 비록 잘 드나 죄 없는 사람은 베지 못하고, 잘못된 재앙은 조심하는 집 문에는 들어가지 못한다."

太公日 日月이 雖明이 不照覆盆之下하고
태공왈　일월　수명　부조복분지하

刀刃이 雖快나 不斬無罪之人하고 非災橫禍는 不入愼家之門이니라.
도인　수쾌　불참무죄지인　비재횡화　불입신가지문

33. 태공이 말하기를, "좋은 밭과 일만 이랑이 별 볼일 없는 기술을 몸에 지닌 것만 못하다."

太公이 日 良田萬頃이 不如薄藝隨身이니라.
태공　왈 양전만경　불여박예수신

34. 성리서에 이르기를, "남과 대할 때 중요한 것은 자기가 하고자 하지 않는 것을 남에게 베풀지 말고, 행한 것이 소득이 없으면 돌이켜 자기에게 원인을 찾아야 한다."

性理書에 云 接物之要는 己所不欲을 勿施於人하고 行有不得이어든 反求諸己니라.
성리서　운 접물지요　기소불욕　물시어인　행유부득　반구저기

35. 술과 여색과 재물과 기운의 네 가지로 쌓은 담 안에 수많은 어진 사람과 어리석은 사람이 갇혀 있다. 만약 그 누가 이 속에서 (용감하게) 뛰쳐나올 수 있다면 그것이 곧 신선처럼 죽지 않는 방법이다.

酒色財氣四堵墻에 多少賢愚在內廂이라.
주색재기사도장　다소현우재내상

若有世人이 跳得出이면 便是神仙不死方이니라.
약유세인　도득출　변시신선불사방

13 | 입교(立敎) 편

1. 공자가 말하기를, "입신(출세)함에 의가 있으니 효도가 그 근본이며, 장례와 제사에 예가 있으니 슬퍼함이 그 근본이며, 전쟁터에서 질서가 있으니 용맹이 그 근본이 된다. 나라를 다스리는 데 이치가 있으니 농사가 그 근본이 되고, 나라를 지키는 데 도가 있으니 대를 잇는 것이 그 근본이 되며, 재물은 생산함에 시기가 있으니 노력이 그 근본이 된다."

子曰 立身有義而孝爲本이요 喪祀有禮而哀爲本이요 戰陣有列而勇爲本이요
자 왈 입 신 유 의 이 효 위 본   상 사 유 례 이 애 위 본   전 진 유 열 이 용 위 본

治政有理而農爲本이요 居國有道而嗣爲本이요 生財有時而力爲本이니라
치 정 유 리 이 농 위 본   거 국 유 도 이 사 위 본   생 재 유 시 이 력 위 본

2. 경행록에 이르기를, "정치를 하는 데 중요한 것은 공평하고 사사로운 욕심이 없는 것이요, 집안을 일으키는 길은 검소와 근면이다."

景行錄에 云 爲政之要는 曰工與淸이요 成家之道는 曰儉與勤이라.
경 행 록   운 위 정 지 요   왈 공 여 청   성 가 지 도   왈 검 여 근

3. 글을 읽는 것은 집을 일으키는 근본이며, 이치에 맞게 따름은 집을 잘 보존하는 근본이며, 부지런하고 절약하는 것은 집을 잘 다스리는 근본이며, 화목하고 순종하는 것은 집안을 편안하게 하는 근본이다.

讀書는 起家之本이요 循理는 保家之本이요
독 서   기 가 지 본   순 리   보 가 지 본

勤儉은 治家之本이요 和順은 齊家之本이니라.
근 검   치 가 지 본   화 순   제 가 지 본

4. 공자가 삼계도에 이르기를, "일생의 계획은 어릴 때에 있고, 일 년의 계획은 봄에 있고, 하루의 계획은 새벽에 있다. 어려서 배우지 않으면 늙어서 아는 것이 없고 봄에 밭 갈지 않으면 가을에 바랄 것이 없으며, 새벽에 일어나지 않으면 그날의 할 일이 없다."

孔子三計圖云 一生之計는 在於幼하고
공자삼계도 운 일생지계   재어유

一年之計는 在於春하고 一日之計는 在於寅이라.
일년지계   재어춘   일일지계   재어인

幼而不學이면 老無所知요 春若不耕이면 秋無所望이요 寅若不起면 日無所辨이니라.
유이불학   노무소지   춘약불경   추무소망   인약불기   일무소판

5. 성리서에 이르기를, "다섯 가지 가르침의 조목으로는 아버지와 자식 사이에는 서로 친함이 있어야 하며, 임금과 신하 사이에는 의가 있어야 하며, 남편과 아내 사이에는 분별이 있어야 하며, 어른과 어린이 사이에는 차례가 있어야 하며, 친구 사이에는 믿음이 있어야 한다."

性理書 云 五教之目은 父子有親하며 君臣有義하며
성리서 운 오교지목   부자유친   군신유의

夫婦有別하며 長幼有序하며 朋友有信이라.
부부유별   장유유서   붕우유신

6. 삼강(유교의 도덕에서 기본이 되는 세 가지 강령)으로는 임금은 신하의 근본이 되고, 아버지는 자식의 근본이 되며, 남편은 아내의 근본이 되는 것이다.

三綱은 君爲臣綱이요 父爲子綱이요 夫爲婦綱이니라.
삼강   군위신강   부위자강   부위부강

7. 왕촉이 말하기를, "충신은 두 임금을 섬기지 않고, 열녀(절개가 굳은 아내)는 두 남편을 섬기지 않는다."

王蠋이 日 忠臣은 不事二君이요 烈女는 不更二夫니라.
왕촉   왈 충신   불사이군   열녀   불경이부

8. 충자가 말하기를, "벼슬을 다스림에는 공평한 것만 한 것이 없고, 재물을 대할 때는 청렴한 것만 한 것이 없다."

忠子日 治官엔 莫若平이요 臨財엔 莫若廉이니라.
충자왈 치관   막약평   임재   막약렴

9. 장사숙의 좌우명에 말하기를, "무릇 말은 충성되고 믿음이 있어야 되

며, 무릇 행실은 반드시 돈독하고 공경스러워야 하며, 음식은 반드시 삼가고 알맞아야 하며, 글씨는 반드시 깔끔하고 바르게 쓰며, 용모는 반드시 단정하고 정숙해야 하며, 의관은 반드시 반듯하고 엄숙하며, 걸음걸이는 반드시 안전하고 자상히 하며 거처하는 곳은 반드시 바르고 정숙하게 하며, 일하는 것은 반드시 계획을 세워 시작하며, 말을 할 때는 반드시 돌아보고 생각해서 하며, 떳떳한 덕을 반드시 굳게 지키며, 일을 허락하는 것은 반드시 신중하게 응하며, 선을 보거든 자기에게서 나온 것처럼 하며, 악을 보거든 자기의 병인 것처럼 하라. 이 열네 가지는 모두 내가 아직 깊이 깨닫지 못한 것이다. 이것을 자기의 오른편에 써 붙여놓고 아침저녁으로 보고 경계하고자 한다."

張思叔座右銘曰 凡語를 必忠信하며 凡行을 必篤敬하며
장 사 숙 좌 우 명 왈 범 어　　필 충 신　　범 행　　필 독 경

飲食을 必愼節하며 字劃을 必楷正하며 容貌를 必端莊하며 衣冠을 必整肅하며
음 식　　필 신 절　　자 획　필 해 정　　용 모　　필 단 정　　의 관　　필 정 숙

步履를 必安詳하며 居處를 必正精하며 作事를 必謀始하며 出言을 必顧行하며
보 리　　필 안 상　　안 처　필 정 정　　작 사　　필 모 시　　출 언　　필 고 행

常德을 必固持하며 然諾을 必重應하며 見善如己出하며 見惡如己病이라.
상 덕　　필 고 지　　연 낙　필 중 응　　견 선 여 기 출　　견 악 여 기 병

凡此十四者는 皆我未深省이라. 書此當座右하여 朝夕視爲警하노라.
범 차 십 사 자　개 아 미 심 성　　서 차 당 좌 우　　조 석 시 위 경

10. 범익겸의 좌우명에 이르기를, "첫째 조정에서의 이해와 변방으로부터의 보고와 관직의 임명에 대하여 말하지 말 것. 둘째, 주현의 관원의 장단과 득실에 대하여 말하지 말 것. 셋째, 여러 사람이 저지른 악한 일을 말하지 말 것. 넷째, 벼슬에 나가는 것과 기회를 따라 권세에 아부하는 일에 대하여 말하지 말 것. 다섯째, 재물과 이익의 많고 적음이나 가난을 싫어하고 부유함을 구하는 것을 말하지 말 것. 여섯째, 음탕하고 난잡한 희롱이나 여색에 대한 평론을 말하지 말 것. 일곱째, 남의 물건을 탐내거나 술과 음식을 억지로

달라고 말하지 말 것. 그리고 남이 부치는 편지를 뜯어보거나 지체시키지 말 것. 남과 같이 앉아서 남의 사사로운 글을 엿보지 말 것. 무릇 남의 집에 들어감에 남이 만든 글을 보지 말 것. 남의 물건을 빌려서 손상시키고 돌려주지 않는 짓을 하지 말 것. 무릇 음식을 먹는데 가리지 말 것. 남과 같이 있으면서 자기의 편리함만 택하지 말 것. 무릇 남의 부귀를 부러워하거나 헐뜯지 말 것. 무릇 이 몇 가지 일을 범하는 사람이면 그 마음 쓰는 것의 바르지 않음을 알 수 있을 것이다. 마음을 바르게 하고 수양하는 데 크게 해로운 바가 있는지라 이 글을 써서 스스로 경계하고자 한다."

范益謙座右銘에 曰 一不言朝廷利害邊報差除요
범 익 겸 좌 우 명   왈 일 불 언 조 정 이 해 변 보 차 제

二不言州縣官員長短得失이요 三不言衆人所作過惡之事요
이 불 언 주 현 관 원 장 단 득 실   삼 불 언 중 인 소 작 과 악 지 사

四不言仕進官職趨時附勢요 五不言財利多少厭貧求富요
사 불 언 사 진 관 직 추 시 부 세   오 불 언 재 리 다 소 염 빈 구 부

六不言淫媟戲慢評論女色이요 七不言求覓人物干索酒食요
육 불 언 음 설 희 만 평 론 여 색   칠 불 언 구 멱 인 물 간 색 주 식

又人付書信을 不可開坼沈滯요 與人並座에 不可窺人私書요
우 인 부 서 신   불 가 개 탁 침 체   여 인 병 좌   불 가 규 인 사 서

凡入人家에 不可看人文字요 凡借人物에 不可損壞不還요
범 인 인 가   불 가 간 인 문 자   범 차 인 물   불 가 손 괴 불 환

凡喫飮食에 不可揀擇去取요 與人同處에 不可自擇便利요
범 끽 음 식   불 가 간 택 거 취   여 인 동 처   불 가 자 택 편 리

凡人富貴를 不可歎羨詆毀니 凡此數事有犯之者면 足以見用心之不正이라.
범 인 부 귀   불 가 탄 선 저 훼   범 차 수 사 유 범 지 자   족 이 견 용 심 지 부 정

於正心修身에 大有所害라 因書以自警하노라.
어 정 심 수 신   대 유 소 해   인 서 이 자 경

11. 무왕이 태공에게 묻기를, "사람이 사는데 어찌하여 귀천과 빈부가 고르지 않습니까? 원컨대 말씀을 듣고 알고자 합니다." 태공이 대답하기를,

"부귀는 성인의 덕과 같아서 다 천명에 말미암은 것으로 부자는 쓰는 것이 절도가 있고 부자가 아닌 사람은 집에 열 가지 도둑이 있습니다."

武王이 問太公曰 人居世上에 何得貴賤貧富不等고 原聞說之하여 欲之是矣이다.
무왕 문태공왈 인거세상 하득귀천빈부부등 원문설지 욕지시의

太公曰富貴는 如聖人之德하여 皆由天命이니와
태공 왈부귀 여성인지덕 개유천명

富者는 用之有節하고 不富者는 家有十盜니라.
부자 용지유절 불부자 가유십도

12. 무왕이 말하기를, "무엇을 십도(十盜)라고 합니까?" 태공이 대답하기를, "곡식이 익은 것을 제때에 거둬들이지 않는 것이 첫째 도둑이요, 거두고 쌓는 것을 마치지 않는 것이 둘째 도둑이요, 일이 없이 등불을 켜놓고 잠자는 것이 셋째 도둑이요, 게을러서 밭 갈지 않는 것이 넷째 도둑이요, 역량을 베풀지 않는 것이 다섯째 도둑이요, 오로지 교활하고 해로운 일만 행하는 것이 여섯째 도둑이요, 딸을 너무 많이 기르는 것이 일곱째 도둑이요, 낮잠 자고 게으르게 일어나는 것이 여덟째 도둑이요, 술을 탐하고 환락을 즐기는 것이 아홉째 도둑이요, 심하게 남을 질투하는 것이 열째 도둑입니다."

武王이 曰何謂十盜고. 太公이 曰時熟不收이 爲一盜요
무왕 왈 하위십도 태공 왈시숙불수 위일도

收積不了이 爲二盜요 無事燃燈寢睡이 爲三盜요
수적불료 위이도 무사연등침수 위삼도

慵懶不耕爲四盜요 不施功力 爲五盜요
용라불경위사도 불시공력위오도

專行巧害이 爲六盜요 養女太多이 爲七盜요
전행교해 위육도 양녀태다 위칠도

晝眠懶起이 爲八盜요 貪酒嗜慾이 爲九盜요 强行嫉妬이 爲十盜니라.
주면라기 위팔도 탐주기욕 위구도 강행질투 위십도

13. 무왕이 말하기를, "집에 십도가 없고 부유하지 못한 것은 어찌하여 그렇습니까?" 태공이 말하기를, "그런 사람의 집에는 반드시 삼모(세 가지 소모)

가 있을 것입니다." 무왕이 묻기를, "무엇을 삼모라고 말합니까?" 태공이
대답하기를, "창고가 뚫려 비가 새는데 덮지 않아 쥐와 새들이 어지러이
먹어대는 것이 첫째 소모요, 거두고 씨를 뿌림에 때를 놓치는 것이 둘째
소모요, 곡식을 흘려서 더럽고 천하게 다루는 것이 셋째 소모입니다."

武王이 曰 家無十盜而不富者는 何如고. 太公이 曰 人家에 必有三耗니다.
무왕   왈 가무십도이불부자   여하   태공   왈 인가   필유삼모

武王이 曰 何名三耗고. 太公이 曰 倉庫漏濫不蓋하여 鼠雀亂食이 爲一耗요
무왕   왈 하명삼모   태공   왈 창고누람불개   서작난식   위일모

收種失時이 爲二耗요 抛撒米穀穢賤이 爲三耗니다.
수종실시   위이모 포살미곡예천 위삼모

14. 무왕이 묻기를, "집에 삼모도 없는데 부유하지 못한 것은 어찌하여 그
렇니까?" 태공이 대답하기를, "그런 사람의 집에는 반드시 일착(一錯), 이
오(二誤), 삼치(三痴), 사실(四失), 오역(五逆), 육불상(六不祥), 칠노(七奴), 팔천
(八賤), 구우(九愚), 십강(十强)이 있어서 스스로 그 화를 자초한 것이요, 하
늘이 내린 재앙이 아닙니다."

武王이 曰 家無三耗而不富者는 何如고.
무왕   왈 가무삼모이불부자   하여

太公이 曰 人家에 必有一錯二誤三痴四失五逆六不祥七奴八賤九愚十强하여
태공   왈 인가   필유일착 이오 삼치 사실 오역 육불상 칠노 팔천 구우 십강

自招其禍요 非天降殃이니다.
자초기화 비천강앙

15. 무왕이 말하기를, "그 내용을 듣기를 원합니다." 태공이 대답하기를,
"아들을 기르며 가르치지 않는 것이 첫째 잘못이요, 어린아이를 훈도하지
않는 것이 둘째 그릇됨이요, 새 며느리를 들여서 엄하게 가르치지 않는 것
이 셋째 어리석음이요, 말하기 전에 먼저 웃는 것이 넷째 과실이요, 부모
를 봉양하지 않는 것이 다섯째 거역이요, 밤에 벗은 몸으로 일어나는 것이
여섯째 상서롭지 못함이요, 남의 활을 당기기를 좋아하는 것이 일곱째 상

스러움이요, 남의 말을 타기를 좋아하는 것이 여덟째 천함이요, 남의 술을 마시면서 남에게 권하는 것이 아홉째 어리석음이요, 남의 밥을 먹으면서 벗에게 주는 것이 열째 뻔뻔함입니다." 무왕이 말하기를, "아아! 그 말씀이 매우 아름답고 진실합니다."

武王이 曰願悉聞之하니 太公이 曰養男不敎訓이 爲一錯이요
무왕   왈 원실문지   태공   왈 양남불교훈   위일착

嬰孩不訓이 爲二誤요 初迎新婦不行嚴訓이 爲三痴요
영해불훈   위이오 초영신부불행엄훈   위삼치

未語先笑 爲四失이요 不養父母이 爲五逆이요
미 어 선 소 위사실   불양부모   위오역

夜起赤身 爲六不祥이요 好挽他弓이 爲七奴요
야 기 적 신 위육불상   호만타궁   위칠노

愛騎他馬이 爲八賤이요 喫他酒勸他人이 爲九愚요
애 기 타 마   위팔천   끽타주권타인   위구우

喫他飯命朋友이 爲十强이니다. 武王이 曰 甚美誠哉라 是言也여.
끽 타 반 명 붕 우   위십강   무왕   왈 심미성재   시언야

14 | 치정(治政) 편

1. 명도 선생이 말하기를, "처음 벼슬하는 선비일지라도 진실로 모든 것을 사랑하는 데 마음을 두면 사람들에게 반드시 쓰이는 바가 있을 것이다."

明道先生이 曰 一命之士 苟有存心於愛物이면 於人에 必有所濟니라.
명도선생   왈 일명지사 구유존심어애물   어인   필유소제

2. 당태종의 어제에 이르기를, "위에서는 지시하고, 중간에서는 이를 따라 다스리며 아래에서는 이에 따르는 백성이 있다. 백성이 바친 베로 옷을 해 입고 백성이 바친 곳간의 곡식으로 밥을 지어 먹으니 너희의 봉록은 바로 백성에게서 짜낸 기름이다. 백성을 학대하기는 쉽지만, 저 위 푸른 하늘을 속이기는 어렵다."

唐太宗御製에 云 上有麾之하고 中有乘之하고 下有附之하여
당 태 종 어 제　운 상 유 휘 지　중 유 승 지　하 유 부 지

幣帛衣之요 倉廩食之하니 爾俸爾祿이 民膏民脂니라.
폐 백 의 지　창 름 식 지　이 봉 이 록　민 고 민 지

下民은 易虐이어니와 上蒼은 難欺니라.
하 민　이 학　상 창　난 기

3. 동몽훈에 말하기를, "관리된 자가 지켜야 할 법은 오직 세 가지가 있다. 청렴과 신중과 근면이다. 이 세 가지를 알면 몸에 지닐 줄을 안다고 할 것이다."

童蒙訓에 曰 當官之法이 唯有三事하니 曰淸 曰愼 曰勤이라.
동 몽 훈　왈 당 관 지 법　유 유 삼 사　왈 청 왈 신 왈 근

知此三者면 知所以持身矣니라.
지 차 삼 자　지 소 이 지 신 의

4. 관직에 있는 자는 반드시 심하게 성내는 것을 경계하라. 업무가 옳지 않으면 마땅히 자상하게 처리하면 반드시 딱 맞지 않는 것이 없다. 만약 성내기부터 먼저 하면 단지 자신을 해롭게 할 뿐이니 어찌 남을 해롭게 하겠는가?

當官者 必以暴怒爲戒하여 事有不可어든 當詳處之면 必無不中이어니와
당 관 자 필 이 폭 노 위 계　사 유 불 가　당 상 처 지　필 무 부 중

若先暴怒면 只能自害라 豈能害人이리오.
약 선 폭 노　지 능 자 해　기 능 해 인

5. 임금을 섬기는 것을 어버이를 섬기는 것같이 하며, 윗사람 섬기기를 형을 섬기는 것과 같이 하며, 동료를 대하기를 자기 집 사람같이 하며, 여러 아전 대접하기를 자기 집 노복같이 하며, 백성 사랑하기를 처자같이 하며, 나라 일 처리하기를 내 집안일처럼 하고 난 뒤에야 능히 내 마음을 다했다 할 것이다. 만약 털끝만치라도 이르지 못함이 있으면 모두 내 마음에 다하지 못한 바가 있기 때문이다.

事君을 如事親이며 事長官을 如事兄하며 與同僚를 如家人하며
사군   여사친   사장관   여사형   여동료   여가인

待群吏를 如奴僕하며 愛百姓을 如妻子하며
대군리   여노복   애백성   여처자

處官事를 如家事然後에 能盡吾之心이니
처관사   여가사연후   능진오지심

如有毫末不至면 皆吾心에 有所未盡也니라.
여유호말부지   개오심   유소미진야

6. 어떤 사람이 묻기를, "부(簿)는 영(令)을 보좌하는 자입니다. 부가 하고
자 하는 바를 영이 혹시 따르지 않는다면 어떻게 합니까?" 이천 선생이 대
답하기를, "마땅히 성의로써 움직여야 한다. 지금 영과 부의 불화는 사사
로운 생각으로 다투는 것이다. 영은 고을의 우두머리이니 만약 부형을 섬
기는 도리로 섬겨서 잘못이 있으면 자기에게로 돌리고, 잘한 것은 영에게
돌아가지 않을까 두려워서 이 같은 성의를 쌓는다면 어찌 사람을 움직이
지 못하겠는가?"

或問簿佐令者也니 簿欲所爲를 令或不從이면 柰何잇고.
혹문부좌령자야   부욕소위   영혹부종   내하

伊川先生이 曰當以誠意動之라.
이천선생   왈당이성의동지

今令與簿不和는 便是爭私意요 令은 是邑之長이니
금령여부불화   변시쟁사의   영   시읍지장

若能以事父兄之道로 事之하여 過則歸己하고
약능이사부형지도   사지   과즉귀기

善則唯恐不歸於令하여 積此誠意면 豈有不動得人이리오.
선즉유공불귀어령   적차성의   기유부동득인

7. 유안례가 백성에 임하는 도리를 물으니 명도 선생이 말하기를, "백성으
로 하여금 각각 그들의 생각을 아뢸 수 있게 하는 것이다." 아전을 거느리
는 방법을 물으니, "자기를 바르게 함으로써 남을 바르게 하라."

劉安禮問臨民한대 明道先生이 曰 使民로 各得輸其情이니라.
유 안 례 문 림 민   명 도 선 생   왈 사 민   각 득 수 기 정

問御吏한대 曰 正己以格物이니라.
문 어 리   왈 정 기 이 격 물

8. 포박자에 말하기를, "도끼로 맞더라도 임금에게 바른 길로 간하며, 가마솥에 삶겨 죽더라도 옳은 말을 다하면 이를 충신이라 한다."

抱朴子曰 迎斧鉞而正諫하며 據鼎鑊而盡言이면 此謂忠臣也니라.
포 박 자 왈 영 부 월 이 정 간   거 정 확 이 진 언   차 위 충 신 야

15 | 치가(治家) 편

1. 사마온공이 말하기를, "무릇 손아랫 사람들은 일의 크고 작음이 없이 제멋대로 행동하지 말고 반드시 집안 어른께 여쭈어야 한다."

司馬溫公이 曰 凡諸卑幼事無大小요 毋得專行하고 必咨稟於家長이니라.
사 마 온 공   왈 범 제 비 유 사 무 대 소   무 득 전 행   필 자 품 어 가 장

2. 손님 접대는 풍성하게 하지 않을 수 없고, 살림살이는 검소하지 않을 수 없다.

待客에 不得不豊이요 治家에 不得不儉이니라.
대 객   부 득 불 풍   치 가   부 득 불 검

3. 태공이 말하기를, "어리석은 사람은 아내를 두려워하고, 어진 아내는 남편을 공경한다."

太公이 曰 痴人은 畏婦고 賢女는 敬夫니라.
태 공   왈 치 인   외 부   현 녀   경 부

4. 무릇 노복을 부리는 데는 먼저 그들의 춥고 배고픔을 생각해야 한다.

凡使奴僕에 先念飢寒이니라.
범 사 노 복   선 념 기 한

5. 자식이 효도하면 어버이가 즐겁고, 집안이 화목하면 만사가 이루어진다.

子孝雙親樂이요 家和萬事成이니라.
자 효 쌍 친 락   가 화 만 사 성

6. 때때로 불이 나는 것을 막고 밤마다 도적이 드는 것을 방비하라.

時時防火發하고 夜夜備賊來니라.
시 시 방 화 발   야 야 비 적 래

7. 경행록에 이르기를, "아침저녁의 이르고 늦음을 봄으로써 가히 그 사람의 집이 흥하고 쇠함을 점칠 수 있다."

景行錄에 云 觀朝夕之早晏하여 可以卜 人家之興替니라.
경 행 록   운 관 조 석 지 조 안   가 이 복 인 가 지 흥 체

8. 문중자가 말하기를, "시집가고 장가드는 데 재물을 말하는 것은 오랑캐의 일이다."

文仲子曰 婚娶而論財는 夷虜之道也니라.
문 중 자 왈 혼 취 이 론 재   이 로 지 도 야

16 │ 안의(安義) 편

1. 안씨 가훈에 말하기를, "대저 백성이 있은 후에 부부가 있고 부부가 있은 후에 부자가 있고 부자가 있은 후에 형제가 있나니 한 집의 친함은 이 세 가지뿐이니라. 여기서 나아가 구족(친척)에 이르기까지는 모두 이 삼친(부자, 부부, 형제)에 근본이 있다. 그러므로 인륜에 있어서 가장 중요한 것이니 돈독하지 않을 수 없다."

顔氏家訓曰 夫有人民而後에 有夫婦하고 有夫婦而後에 有父子하고
안 씨 가 훈 왈 부 유 인 민 이 후   유 부 부   유 부 부 이 후   유 부 자

有父子而後에 有兄弟하니 一家之親은 此三者而已矣라.
유 부 자 이 후   유 형 제   일 가 지 친   차 삼 자 이 이 의

自玆以往으로至于九族이皆本於三親焉故로於人倫爲重也이니不可無篤이니라.
자자이왕   지우구족   개본어삼친언고   어인륜위중야   불가무독

2. 장자가 말하기를, "형제는 수족과 같고 부부는 의복과 같으니 의복이 찢어지면 새것으로 갈아입을 수 있지만 수족이 잘리면 잇기가 어렵다."

莊子曰兄弟爲手足하고夫婦는爲衣服이니
장자왈 형제위수족   부부   위의복

衣服破時엔更得新이나手足斷處는難可續이니라.
의복파시   갱득신   수족단처   난가속

3. 소동파가 이르기를, "부유하다고 친하지 않으며, 가난하다고 멀리하지 않는 것이야말로 인간적인 대장부라 할 것이다. 부유하면 가까이 하고 가난하면 멀리하는 이는 사람 중에서 참으로 소인배이다."

蘇東坡云富不親兮貧不疎는此是人間大丈夫요
소동파운부불친혜빈불소   차시인간대장부

富則進兮貧則退는此是人間眞小輩니라.
부즉진혜빈즉퇴   차시인간진소배

17 | 준례(遵禮) 편

1. 공자가 말하기를, "한 집안에 예가 있으므로 어른과 어린이가 분별이 있고, 안방에 예가 있으므로 삼족이 화목하고, 조정에 예가 있으므로 벼슬의 질서가 있고, 사냥하는 데 예가 있으므로 군사 일이 숙달되고, 군대에 예가 있으므로 무공이 이루어진다."

子曰居家有禮故로長幼辨하고閨門有禮故로三族和하고
자왈 거가유례고   장유변   규문유례고   삼족화

朝廷有禮故로官爵序하고田獵有禮故로戎事閑하고
조정유례고   관작서   전렵유례고   융사한

軍旅有禮故로武功成이니라.
군려유례고   무공성

2. 공자가 말하기를, "군자가 용맹만 있고 예의가 없으면 세상을 어지럽게 하고, 소인이 용맹만 있고 예의가 없으면 도둑이 된다."

子曰 君子 有勇而無禮면 爲亂하고 小人이 有勇而無禮면 爲盜니라.
자왈 군자 유용이무례 위란 소인 유용이무례 위도

3. 증자가 말하기를, "조정에는 지위보다 좋은 것이 없고, 한 고을에는 나이가 많은 사람보다 나은 사람이 없으며 나랏일을 잘하고 백성을 다스리는 데에는 덕만 한 것이 없다."

曾子曰 朝廷엔 莫如爵이요 鄕黨엔 莫如齒요 輔世長民엔 莫如德이니라.
증자왈 조정 막여작 향당 막여치 보세장민 막여덕

4. 늙은이와 젊은이, 어른과 어린이는 하늘이 정한 차례이니 이치를 어겨서 도리를 상하게 할 수 없다.

老少長幼는 天分秩序니 不可悖理而傷道也니라.
노소장유 천분질서 불가패리이상도야

5. 밖에 나설 때는 큰 손님을 맞이하는 것같이 하고 방 안에 있을 때는 사람이 있는 것같이 하라.

出門如見大賓하고 入室如有人이니라.
출문여막대빈 입실여유인

6. 만약 남이 나를 중하게 여김을 바란다면 내가 먼저 남을 중히 여기는 것보다 좋은 것이 없다.

若要人重我인대 無過我重人이니라.
약요인중아 무과아중인

7. 아버지는 아들의 덕을 말하지 말며, 자식은 아버지의 허물을 말하지 말라.

父不言子之德하며 子不談父之過니라.
부불언자지덕 자부담부지과

18 | 언어(言語) 편

1. 유회가 말하기를, "말이 이치에 맞지 않으면 말하지 아니한 것만 못하다."

劉會曰 言不中理면 不如不言이니라.

유회왈 언부중리　불여불언

2. 한마디 말이 맞지 않으면 천 마디 말이 쓸데없다.

一言不中이면 千語無用이니라.

일언부중　천어무용

3. 군평이 말하기를, "입과 혀는 화와 근심의 문이며 몸을 망치는 도끼다."

君平이 曰 口舌者는 禍患之門이요 滅身之斧也니라.

군평　왈 구설자　화환지문　멸신지부야

4. 사람을 이롭게 하는 말은 따뜻하기가 솜과 같고 사람을 상하게 하는 말은 날카롭기가 가시 같다. 한마디 말은 무겁기가 천금과 같고 한마디 말이 사람을 상하게 함은 아프기가 칼로 베는 것과 같다.

利人之言 煖如綿絮하고 傷人之語는 利如荊棘하야

이인지언 난여면서　상인지어　이여형극

一言半句 重值千金이요

일언반구 중치천금

一語傷人에 痛如刀割이니라.

일어상인　통여도할

5. 입은 사람을 상하게 하는 도끼이며, 말은 혀를 베는 칼이다. 입을 막고 혀를 깊이 감추면 몸이 어느 곳에 있어도 편안할 것이다.

口是傷人斧요 言是割舌刀니 閉口深藏舌이면 安身處處牢니라.

구시상인부　언시할설도　폐구심장설　안신처처뢰

6. 사람을 만나거든 말을 십 분의 삼만 하되 자기가 지니고 있는 한 조각 마음을 버리지 말아야 한다. 호랑이의 세 입을 두려워하지 말고, 오직 사람의 두 마음을 두려워하라.

逢人且說三分話하되 未可全抛一片心이니
봉 인 차 설 삼 분 화   미 가 전 포 일 편 심

不怕虎生三箇口요 只恐人情兩樣心이니라.
불 파 호 생 삼 개 구   지 공 인 정 양 양 심

7. 술은 나를 알아주는 친구를 만나면 천 잔도 적고, 말은 기회에 맞지 않으면 한마디도 많다.

酒逢知己千鍾少요 話不投機一句多니라.
주 봉 지 기 천 종 소   화 불 투 기 일 구 다

19 │ 고우(交友) 편

1. 공자가 말하기를, "착한 사람과 더불어 지내면 향기로운 지초와 난초가 있는 방에 들어간 것과 같아서 오래되면 그 향기를 맡지 못하나 곧 더불어 그 향기와 동화되고, 착하지 못한 사람과 같이 있으면 생선 가게에 들어간 것과 같아서 오랫동안 그 나쁜 냄새를 맡지 못하나 또한 더불어 동화된다. 또한 더불어 동화되어서 붉은 것을 가지고 있으면 붉어지고 옻을 가지고 있으면 검게 된다. 그러므로 군자는 반드시 더불어 있는 곳을 삼가야 한다."

子曰 與善人居 如入芝蘭之室하여 久而不聞其香하되 卽與之化矣요
자 왈 여 선 인 거 여 입 지 란 지 실   구 이 불 문 기 향   즉 여 지 화 의

與不善人居에 如入鮑魚之肆하여 久而不聞其臭하되 亦與之化矣니.
여 불 선 인 거   여 입 포 어 지 사   구 이 불 문 기 취   역 이 지 화 의

丹之所藏者는 赤하고 漆之所藏者는 黑이라.
단 지 소 장 자 적   칠 지 소 장 자 흑

是以로 君子는 必愼其所與處者焉이니라.
시 이 군 자 필 신 기 소 여 처 자 언

2. 가어에 이르기를, "학문을 좋아하는 사람과 동행하면 마치 안개 속을 가는 것과 같아서 비록 옷은 적시지 않더라도 때때로 윤택함이 있고, 무식

한 사람과 동행하면 마치 뒷간에 앉은 것 같아서 비록 옷은 더럽히지 않더라도 때때로 더러운 냄새가 맡아진다."

家語云 與好人同行에 如霧露中行하야 雖不濕衣라도 時時有潤하고
가 어 운 여 호 인 동 행   여 무 로 중 행   수 불 습 의   시 시 유 윤

與無識人同行에 如厠中座하야 雖不汚衣라도 時時聞臭니라.
여 무 식 인 동 행   여 측 중 좌   수 불 오 의   시 시 문 취

3. 공자가 말하기를, "안평중은 사람 사귀기를 잘한다. 오래도록 안평중을 공경하였다."

子曰 晏平仲 善與人交로다 久而敬之이여.
자 왈 안 평 중 선 여 인 교   구 이 경 지

4. 서로 얼굴을 아는 사람은 온 세상에 많이 있으나 내 마음을 아는 사람은 몇이나 되겠는가?

相識滿天下하되 知心能幾人고.
상 식 만 천 하   지 심 능 기 인

5. 술이나 밥 먹을 때 형이니 동생이니 하는 친구는 천 명이나 되는데, 급하고 어려운 일을 당했을 때 도와줄 친구는 한 명도 없다.

酒食兄弟는 千個有로되 急難之朋은 一個無니라.
주 식 형 제   천 개 유   급 난 지 붕   일 개 무

6. 열매를 맺지 않는 꽃은 심지 말고 의리 없는 친구는 사귀지 말라.

不結子花는 休要種이요 無義之朋은 不可交니라.
불 결 자 화   휴 요 종   무 의 지 붕   불 가 교

7. 군자의 사귐은 맑기가 물 같고, 소인의 사귐은 달콤하기가 단술 같다.

君子之交는 淡如水하고 小人之交는 甘若醴니라.
군 자 지 교   담 여 수   소 인 지 교   감 약 례

8. 길이 멀어야 말의 힘을 알 수 있고, 날이 오래 지나야만 사람의 마음을 알 수 있다.

路遙知馬力이요 日久見人心이니라.
노요지마력   일구견인심

20 | 부행(婦行) 편

1. 익지서에 이르기를, "여자는 네 가지 아름다운 덕이 있으니, 첫째는 부덕이요, 둘째는 부용이요, 셋째는 부언이요, 넷째는 부공이다."

益智書 云 女有四德之譽하니
익지서 운 여유사덕지예

一曰婦德이요 二曰婦容이요 三曰婦言이요 四曰婦工也니라.
일 왈 부 덕   이 왈 부 용   삼 왈 부 언   사 왈 부 공 야

2. "부덕이란 반드시 재주가 뛰어난 것을 말하는 것이 아니며, 부용이란 반드시 얼굴이 아름답고 고운 것을 말하는 것은 아니며, 부언이란 반드시 입담이 좋고 말 잘하는 것을 말하는 것은 아니며, 부공이란 반드시 손재주가 다른 사람보다 뛰어난 것을 말하는 것이 아니다."

婦德者는不必才名絶異요婦容者는不必顔色美麗요
부 덕 자   불 필 재 명 절 이   부 용 자   불 필 안 색 미 려

婦言者는不必辯口利詞요婦工者는不必技巧過人也니라.
부 언 자   불 필 변 구 리 사   부 공 자   불 필 기 교 과 인 야

3. "부덕이라 함은 절개가 곧으며, 분수를 지키며 몸가짐을 고르게 하고 한결같이 얌전하게 행하고 행동을 조심하며, 행실을 범도에 맞게 하는 것이니 이것이 부덕이다. 부용이라 함은 먼지나 때를 깨끗이 빨아 옷차림을 정결하게 하며, 목욕을 제때에 하여 몸에 더러움이 없게 하는 것이니 이것이 부용이다. 부언이라 함은 말을 가려서 하며, 예의에 어긋나는 말은 하지 않고 꼭 해야 할 때에 말해서 사람들이 그 말을 싫어하지 않는 것이니 이것이 부언이다. 부공이라 함은 길쌈을 부지런히 하며 술을 빚어내기만 좋아하지 않고 좋은 단맛을 내서 손님을 접대하는 것이니 이것이 부공이다. 이

네 가지 덕은 부녀자로서 하나도 빠질 수 없는 것이니 행하기 매우 쉽고 그렇게 힘쓰는 것이 올바르니, 이에 따라 행동하면 곧 부녀자의 모범이 된다."

其婦德者는 淸貞廉節하여 守分整齊하고 行止有恥하여 動靜有法이니 此爲婦德也요
기부덕자　청정염절　　수분정제　　행지유치　동정유법　　차위부덕야

婦容者는 洗浣塵垢하여 衣服鮮潔하며 沐浴及時하여 一身無穢니 此爲婦容也요
부용자　세완진구　　의복선결　　목욕급시　　일신무예　차위부용야

婦言者는 擇師而說하여 不談非禮하고 時然後言하여 人不厭其言이니 此爲婦言也요
부언자　택사이설　　부담비예　시연후언　　인불염기언　차위부언야

婦工者는 專勤紡積하고 勿好暈酒하며 供具甘旨하여 以奉賓客이니 此爲婦工也니라.
부공자　전근방적　　물호운주　공구감지　　이봉빈객　차위부공야

此四德者는 是婦人之所不可缺者라 爲之甚易하고 務之在正하니
차사덕자시부인지소불가결자　위지심이　　무지재정

依此而行이면 是爲婦節이니라.
의차이행　　시위부절

4. 태공이 말하기를, "부녀자의 예절로서는 말소리가 반드시 가늘어야 한다."

太公이 曰婦人之禮는 語必細니라.
태공　왈부인지례　어필세

5. 현명한 부인은 남편을 귀하게 하고, 악한 부인은 남편을 천하게 한다.

賢婦는 令夫貴요 惡婦는 令夫賤이라.
현부　영부귀　악부　영부천

6. 집에 어진 아내가 있으면 그 남편이 뜻밖의 재앙을 만나지 않는다.

家有賢妻면 夫不遭橫禍니라.
가유현처　부불조횡화

7. 어진 부인은 육친(부모, 형제, 처자)을 화목하게 하고, 간악한 부인은 육친의 화목을 깬다.

賢婦는 和六親하고 佞婦는 破六親이니라.
현부　화육친　영부　파육친